JÜRGEN HESSE
HANS CHRISTIAN SCHRADER

Hesse/Schrader-Training Arbeitszeugnis

SCHREIBEN – INTERPRETIEREN – VERHANDELN

eichborn
berufsstrategie

Liebe Leserin, lieber Leser,

mit diesem Buch erhalten Sie auch eine CD-ROM. Um auf die Inhalte zugreifen zu können, müssen Sie vor dem erstmaligen Gebrauch folgenden Code eingeben:

C1014N

Auf der CD-ROM

- Videos mit persönlichen Tipps von Hesse/Schrader
- über 50 Mustervorlagen für Arbeitszeugnisse
- über 500 Textbausteine
- umfangreiche Trainingstools

Die Autoren

Jürgen Hesse, Jahrgang 1951, Diplompsychologe
im Büro für Berufsstrategie, Berlin.
Hans Christian Schrader, Jahrgang 1952, Diplompsychologe
in Baden-Württemberg.

Anschrift der Autoren

Hesse/Schrader
Büro für Berufsstrategie
Oranienburger Straße 4–5
10178 Berlin
Tel. 030 288857-0
Fax 030 288857-36
www.berufsstrategie.de

1. Auflage, Oktober 2010

Umschlaggestaltung: Christina Hucke
Lektorat: Thorsten Schulte
Layout und Satz: Oliver Schmitt
Illustrationen: Stefan Kugel, Frankfurt
Druck und Bindung: Fuldaer Verlagsanstalt, Fulda
ISBN 978-3-8218- 5717-6

Mix
Produktgruppe aus vorbildlich bewirtschafteten Wäldern, kontrollierten Herkünften und Recyclingholz oder -fasern
FSC
www.fsc.org Zert.-Nr. SCS-COC-001554
© 1996 Forest Stewardship Council

Eichborn Verlag, Kaiserstraße 66, 60329 Frankfurt am Main
Mehr Informationen zu Büchern und Hörbüchern aus dem Eichborn Verlag finden Sie unter www.eichborn.de

Inhalt

Fast Reader

In wohl keinem anderen Land sind Papiere und damit auch Arbeitszeugnisse von so großer Bedeutung wie in der Bundesrepublik. Auch wenn Arbeitgeber* immer wieder behaupten, sie würden den schriftlichen Bewerbungsunterlagen keine große Beachtung schenken, wissen wir doch, dass dieser Teil der Bewerbung nicht selten richtiggehend studiert und penibel analysiert wird.

Wir zeigen Ihnen, worauf bei Arbeitszeugnissen besonders geachtet wird, was es mit bestimmten Formulierungen auf sich hat und wie Sie verhindern können, dass Ihr Zeugnis zum Stolperstein auf Ihrem weiteren Berufsweg wird. Und vor allem: wie Sie Ihren Entwurf für ein gutes Arbeitszeugnis erfolgreich, schnell und professionell selbst erstellen können.

Die wichtigsten Themen dieses Buches:

- Die verschiedenen Typen von Arbeitszeugnissen (s. S. 6).
- Wie ein qualifiziertes Zeugnis aufgebaut ist (s. S. 8).
- Warum und welche Details entscheidend sind (Grundwissen ab S. 16).
- Was es mit der Geheimsprache in Zeugnissen auf sich hat (s. S. 20).
- Wie Sie Referenzen und Empfehlungsschreiben nutzen können (s. S. 70).
- Wie Sie bei Problemen reagieren können (s. S. 72).
- Welche Formulierung welche Bewertung beinhaltet (s. S. 75 ff.).
- Was ein gutes Zeugnis ausmacht (s. S. 79 f.).
- Wie bestimmte Textbausteine verwendet werden (s. S. 86 ff.).
- Viele Zeugnisbeispiele zeigen anschaulich, wie ein Zeugnis aufgebaut ist.

Im Buch stoßen Sie immer wieder auf Praxisbeispiele, Merkblöcke, Lerntests und mögliche Stolperfallen. Lesen Sie diese unbedingt auch, und arbeiten Sie sie durch. Es lohnt sich.

Weitere Zeugnisbeispiele und viele zusätzliche Infos zum gesamten Bewerbungsverfahren finden Sie auf der CD-ROM, die diesem Buch beiliegt. Sie können die Zeugnisse in Ihre Textverarbeitung übernehmen und mit Ihren eigenen Daten überschreiben.

* Wenn wir im Folgenden überwiegend die männliche Form (Arbeitgeber, Mitarbeiter, Kollege, Vorgesetzter, Arbeitnehmer etc.) verwenden, soll das keine Diskriminierung der Leserinnen darstellen, sondern geschieht allein, um den Sprachfluss nicht zu stören.

Weichensteller Arbeitszeugnis

Zeugnisse begleiten uns durch unser Leben, sie stellen schicksalhaft Weichen, können Chance und Risiko sein. Immer wieder werden wir von anderen beurteilt, nicht selten leider falsch, und somit sind in der Arbeitswelt der Ungerechtigkeit oftmals Tür und Tor geöffnet.

Jedes Jahr kommt es vor deutschen Arbeitsgerichten zu etwa 20 000 Prozessen wegen Streitigkeiten zwischen Arbeitnehmern, d. h. Zeugnisempfängern auf der einen und Ex-Arbeitgebern und Zeugnisausstellern auf der anderen Seite.

Ein immer enger werdender Arbeitsmarkt erhöht die Bedeutung eines guten Zeugnisses für den erfolgreichen Arbeitsplatzwechsel oder Aufstieg bei einem anderen, neuen Arbeitgeber.

Arbeitszeugnisse dürfen also in den Bewerbungsunterlagen auf keinen Fall fehlen. Unbeglaubigte Kopien reichen dafür aus.

DIE VERSCHIEDENEN ZEUGNISTYPEN

Zu unterscheiden sind verschiedene Typen von Arbeitszeugnissen nach dem Zeitpunkt bzw. Anlass ihrer Erstellung sowie nach ihrem Inhalt:

Unter inhaltlichen Gesichtspunkten gibt es das »einfache« und das »qualifizierte« Arbeitszeugnis, unter zeitlichem Aspekt das »vorläufige«, »endgültige« und das »Zwischenzeugnis«.

Man unterscheidet:
- das einfache Zeugnis
- das qualifizierte Zeugnis
- das Zwischenzeugnis
- das vorläufige Endzeugnis
- das Berufsausbildungszeugnis
- das Praktikums-, Ferien-, Aushilfs- und Nebenjobzeugnis
- das Referenzschreiben

Das einfache Zeugnis

Es enthält Angaben über
- die Person (Name etc.)
- die Art der Beschäftigung
- die Dauer des Beschäftigungsverhältnisses
- die Beendigungsgründe und -modalitäten

Das einfache Zeugnis ist sehr selten geworden. Es ist typisch für weniger qualifizierte bzw. kurzfristig ausgeübte Tätigkeiten und enthält keinerlei bewertende Aussagen über Leistung und Verhalten des Mitarbeiters. Dennoch reicht die bloße Berufsbezeichnung nicht aus (z. B. Verkäuferin, kaufmännischer Angestellter etc.). Der konkrete Tätigkeitsbereich (z. B. Verkäuferin in der Herrenschuhabteilung, kaufmännischer Angestellter im Schreibwaren-Groß- und Einzelhandel mit dem Schwerpunkt Schulbedarfsartikel) muss aufgeführt werden.

Bei der Dauer des Beschäftigungsverhältnisses ist der rechtliche und nicht der tatsächliche Zeitraum zu berücksichtigen. Das bedeutet, ein

Arbeitsvertragsverhältnis beginnt z. B. am 1. Januar (auch wenn das ein Feiertag war) und endet zum Quartalsende am 31. Dezember, auch wenn die letzten 14 Tage evtl. Urlaub gewesen sind.

Das qualifizierte Zeugnis

Dies ist der gängigste Zeugnistyp und eine deutlich erweiterte Version des eben beschriebenen einfachen Zeugnisses. Es enthält zusätzlich zu den Informationen über Art und Dauer des Beschäftigungsverhältnisses eine Beschreibung und Beurteilung der Leistung und des Verhaltens des Arbeitnehmers während der gesamten Dauer seiner Anstellung.

Erstaunlich, aber juristisch gesehen korrekt: Ein qualifiziertes Zeugnis wird nur auf ausdrücklichen Wunsch des Arbeitnehmers erteilt. Ein nicht gewünschtes qualifiziertes Zeugnis darf vom Arbeitnehmer zurückgewiesen werden. Er kann aber in diesem Fall zusätzlich – bzw. stattdessen – ein einfaches Zeugnis verlangen. Gleichwohl: Einfache Zeugnisse machen Arbeitgeber heutzutage eher misstrauisch, denn Standard bei den Bewerbungsunterlagen ist das qualifizierte Zeugnis.

Dieser Zeugnistyp sollte der Gesamtpersönlichkeit des Arbeitnehmers Rechnung tragen und sie würdigen. Dabei geht es um die Beurteilung der Qualität von Fähigkeiten und erbrachten Leistungen des Arbeitnehmers, insbesondere seiner Belastbarkeit, Initiative und Bereitschaft zum Engagement sowie um sein Verhalten gegenüber Vorgesetzten, Kollegen und Mitarbeitern (evtl. ergänzt um das Führungsverhalten).

Hierbei wird dem Arbeitgeber ein Beurteilungsspielraum zugestanden, mit der gleichzeitigen Verpflichtung, zwei Geboten gerecht zu werden: der Zeugniswahrheit und dem Prinzip der wohlwollenden Beurteilung (Näheres dazu s. S. 74).

Die Forderung nach wohlwollender Beurteilung bei gleichzeitiger Wahrheitspflicht kann einen gewissen Konflikt bedeuten und hat in der heute gängigen Praxis dazu geführt, qualifizierte Zeugnisse in der Regel positiv zu formulieren, Negatives wegfallen zu lassen und massive Probleme eher zu verklausulieren.

Beim qualifizierten Zeugnis ist Folgendes zu berücksichtigen und zu beachten:

- Es muss (wie Zeugnisse generell) auf Geschäftspapier mit vollständiger Adresse des Arbeitgebers geschrieben sein.
- Nicht fehlen darf die Überschrift (z. B. »Arbeitszeugnis«, »Vorläufiges Zeugnis«, »Zwischenzeugnis«, »Berufsausbildungszeugnis«, s. u.).
- Es müssen enthalten sein: die persönlichen Daten des Beurteilten: Vor- und Zuname (heute eher unüblich: der Geburtsname bei verheirateten oder geschiedenen Frauen); Geburtsdatum (nur mit Einverständnis des Zeugnisempfängers); selbstverständlich: akademische Grade bzw. Doktortitel; gegebenenfalls Adelsprädikate; die genaue Beschäftigungsdauer (der Eintrittstermin wird in der Regel am Anfang des Zeugnisses erwähnt, der Austrittszeitpunkt wird immer häufiger aus den Formulierungen des Textendes ersichtlich, kann aber auch traditionell mit den Worten »war von … bis … tätig« am Zeugnisanfang stehen).
- Die Tätigkeitsbeschreibung führt die verschiedenen Tätigkeiten und eventuell auch Positionen in chronologischer Reihenfolge auf.
- Beurteilt werden Fertigkeiten, (Spezial-)Kenntnisse und Erfahrungen (bei evtl. unterschiedlichen Tätigkeits- und Einsatzbereichen) sowie die Leistung des Arbeitnehmers (insbesondere Stärken und Erfolge).
- Die evtl. Teilnahme an Fortbildungsmaßnahmen sollte erwähnt werden.
- Die Beurteilung der Führung und des Sozialverhaltens sollte auf den Umgang mit Vorgesetzten, Kollegen und evtl. Dritten, aber auch auf Aspekte wie Loyalität und Vertrauenswürdigkeit eingehen.
- Ggf. sollte eine Beurteilung der Mitarbeiter-Führungskompetenz erfolgen.
- Gründe zur Auflösung des Arbeitsverhältnisses sollten angegeben werden.
- Die Schlussformel sollte Bedauern über das Ausscheiden, Dank für Geleistetes und gute Wünsche für die Zukunft enthalten.
- Ausstellungsort und -datum des Zeugnisses (in unmittelbarer zeitlicher Nähe zum Austrittsdatum) sowie Unterschrift (wichtig: Dienstgrad und/oder Funktion des Ausstellers) dürfen nicht fehlen.

MERKBLOCK

Wann welches Zeugnis?

Am Ende: ein **qualifiziertes Arbeitszeugnis**
Bitten Sie nicht erst am letzten Tag darum.

Zwischendurch: ein **Zwischenzeugnis**
Fordern Sie es alle 2 bis 3 Jahre, dann wissen Sie sicher, wie es um Sie steht.

Gegebenenfalls: ein **vorläufiges Arbeitszeugnis**
Wenn nach der Kündigung noch viel Zeit vergeht, bevor Sie den Betrieb verlassen.

DER AUFBAU EINES QUALIFIZIERTEN ZEUGNISSES

Überschrift

- Zeugnis / Arbeitszeugnis / Dienstzeugnis / Zwischenzeugnis / Ausbildungszeugnis / Praktikumszeugnis

Einleitung

- Angaben zu Person, Beruf und Beschäftigungsdauer

Positions-, Aufgaben- und Tätigkeitsbeschreibung

- Tätigkeitsmerkmale / Kompetenzen / Verantwortung
- Berufliche Entwicklung innerhalb des Unternehmens

Leistungsbeurteilung

- Arbeitsbereitschaft
- Arbeitsbefähigung (Belastbarkeit / intellektuelle Fähigkeiten / Fachkenntnisse / Weiterbildung)
- Arbeitsweise
- Arbeitserfolg (Arbeitsmenge, -tempo, -qualität)
- Besondere Arbeitserfolge
- Fachwissen / Weiterbildungsmotivation
- Gegebenenfalls Mitarbeiter-Führungskompetenz (Abteilungs-, Gruppenleistung / Mitarbeiterzufriedenheit)
- Zusammenfassende Beurteilung der Leistung (Zufriedenheitsaussage)

(Achtung: Nicht alle Leistungsbeurteilungsunterpunkte müssen im Zeugnis ausführlich behandelt werden. Eine Auswahl von 3–4 Punkten plus Zufriedenheitsaussage ist anzustreben.)

Verhaltensbeurteilung

- Verhalten gegenüber Vorgesetzten / Kollegen / Dritten
- Weitere persönliche und soziale Verhaltensaspekte
- Zusammenfassende Verhaltensbeurteilung

Abschluss

- Gründe für die Beendigung des Arbeitsverhältnisses (auf wessen Initiative?)

Bedauerns-Dankes-Formel

- Dank für die geleistete Arbeit bzw. für die Zusammenarbeit
- Ggf. Bedauern darüber, dass der Beurteilte das Unternehmen verlässt
- Evtl. Verständnis / Empfehlung / Wiedereinstellungsaussage

Zukunftswünsche

- Gute Wünsche für die weitere berufliche Entwicklung, an zweiter Stelle für die persönliche Zukunft

Ausstellungsort, -datum und Unterschrift(en)

- Name des Ausstellers (auch maschinenschriftlich wiederholt) mit Hinweis auf dessen Position und Rechtsstellung (z. B. Prokura)

Das Zwischenzeugnis

Wenn auch der Anspruch auf ein Zwischenzeugnis gesetzlich nicht vergleichbar eindeutig geregelt ist wie beim qualifizierten Endzeugnis, so wird doch in der Praxis akzeptiert, dass der Arbeitnehmer bei berechtigtem Interesse ein Recht auf ein Zwischenzeugnis hat.

Obwohl das Arbeitsverhältnis weiter besteht, können Anlässe für ein Zwischenzeugnis sein:

- Kündigungsvorhaben des Arbeitnehmers bzw. sicher in Aussicht stehende Beendigung des Arbeitsverhältnisses (z. B. befristeter Arbeitsvertrag oder drohender Konkurs des Unternehmens).
- Spezielle Fortbildungs- und Aufstiegsvorhaben und -wünsche.
- Wechsel von Arbeitsplatz, Verantwortungsbereich und / oder Vorgesetztem.
- Bevorstehende Unterbrechung des normalen Beschäftigungsverhältnisses auf absehbare Zeit (z. B. Schwangerschaft, Wahl zum Betriebsrat, Einberufung zu Wehr- / Zivildienst, Übernahme eines politischen Mandats usw.).

Nicht selten trifft man bei Arbeitnehmern, die ein Zwischenzeugnis wünschen, auf das Motiv, lediglich den eigenen Marktwert zu testen, eine Gehaltserhöhung durchsetzen zu wollen oder in einer Art Drohgebärde den Arbeitgeber darauf aufmerksam zu machen, dass eine Aufkündigung der Mitarbeit potenziell anstehen könnte.

In allen einschlägigen Fachbüchern wird davor immer wieder gewarnt. Nicht nur die Arbeitsatmosphäre kann ernstlich belastet werden. Der Arbeitgeber kommt darüber hinaus in die Position, dem Arbeitnehmer zu kündigen, weil er formaljuristisch gesehen mit der Bitte nach einem Zwischenzeugnis aus den zuletzt angeführten Motiven einen sogenannten Abkehrwillen dokumentiert. Das Recht ist dabei auf der Seite des Arbeitgebers.

Wer wirklich vorhat, seinen Arbeitsplatz zu wechseln, tut gut daran, es Vorgesetzte und Kollegen nicht vorzeitig merken, geschweige denn wissen zu lassen. Ein neuer Arbeitgeber weiß sehr wohl, dass ein Bewerber in ungekündigter Stelle in der Regel kein Zwischenzeugnis vorweisen kann.

Andererseits ist bei der richtigen Gelegenheit (s. o.!) jedem Arbeitnehmer zu empfehlen, sich ein Zwischenzeugnis ausstellen zu lassen. Es wird in der Regel positiv ausfallen und einen guten Status quo bestätigen, denn ein Arbeitgeber will seinen Arbeitnehmer natürlich nicht demotivieren, sondern ihn durch ein freundlich wohlwollendes, lobendes Zwischenzeugnis eher anspornen.

Sollte der Arbeitgeber später anlässlich der Auflösung des Arbeitsverhältnisses eine andere Beurteilung geben wollen, ist er mit einem lobenden Zwischenzeugnis relativ stark gebunden und kann nicht plötzlich in der Endbeurteilung einen ganz anderen Tenor wählen.

Das vorläufige Endzeugnis

Das vorläufige Endzeugnis kommt zum Einsatz, wenn zwischen der Kündigung und dem vertragsgemäßen Ende des Arbeitsverhältnisses eine längere Zeit liegt, etwa noch mehrere Monate. Sie können es nutzen, um sich zu bewerben. Der Begriff vorläufig bedeutet, dass das Endzeugnis wahrscheinlich ganz ähnlich aussehen wird. Es gelten also im Prinzip dieselben Regeln wie beim qualifizierten Zeugnis – einmal abgesehen von den Formulierungen am Anfang und Ende.

Das Berufsausbildungszeugnis

Alle Auszubildenden haben einen Anspruch auf ein Berufsausbildungszeugnis – auch dann, wenn sie die Abschlussprüfung nicht absolviert oder nicht bestanden haben. Dabei gibt es auch hier einfache bzw. qualifizierte Zeugnisse sowie die Möglichkeit, sich ein Zwischenzeugnis ausstellen zu lassen.

Inhaltlich geht es vor allem um die erworbenen Kenntnisse und Fähigkeiten, aber auch um die Beurteilung von Leistungs- und Verhaltensmerkmalen (z. B. Lernfähigkeit, Auffassungsgabe, Engagement, Arbeitsquantität und -qualität, Sozialverhalten, Teamfähigkeit). Die durchlaufenen Ausbildungsbereiche sollten ebenso Erwähnung finden wie Ort und Art der erfolgreich abgelegten Abschlussprüfungen.

Das Praktikums-, Ferien-, Aushilfs-, Nebenjobzeugnis

Ob eine oder acht Wochen – auch kurzfristige Tätigkeiten, egal aus welchem Anlass, sind eine gute Möglichkeit, um mittels eines Zeugnisses zu dokumentieren, wie man sich in der Arbeitswelt behauptet hat. Gerade für Schüler bzw. Studenten ist diese Art Zeugnis ein erstes Dokument zur Bewährung in dem, was den »Ernst des Lebens«

ausmacht. Zur Länge: Eine halbe Seite reicht aus. Zum Inhalt: grundsätzlich wie bei anderen qualifizierten Zeugnissen.

Das Referenzschreiben

Bei einer Referenz geht es darum, dass Sie jemanden benennen, der als Fürsprecher für Sie auftritt und Sie für eine bestimmte Tätigkeit empfiehlt. Ehemalige Vorgesetzte, Chefs, aber auch andere Respektspersonen (Bürgermeister, Pfarrer ...) kommen dafür infrage. Wenn Sie um eine Referenz bitten, sollten Sie sich sicher sein, dass die Person hinter Ihnen steht. Denn nicht selten ruft ein potenzieller Arbeitgeber tatsächlich an und fragt persönlich nach.

Referenzen und Empfehlungsschreiben können eine Alternative oder auch eine Ergänzung zum Arbeitszeugnis sein.

DER AUFBAU EINES QUALIFIZIERTEN ZEUGNISSES

Sinn und Zweck des qualifizierten Zeugnisses ist es, zu bescheinigen, in welcher Qualität der Arbeitnehmer die ihm gestellten Aufgaben bewältigt hat und wie sein Verhalten insgesamt aus Arbeitgebersicht beurteilt wird.

Auf Seite 36 finden Sie eine schematische Darstellung zum Aufbau eines Arbeitszeugnisses.

Diese Reihenfolge der Zeugniskomponenten ist relativ verbindlich. Eine Umstellung (z. B. die Verhaltens- vor der Leistungsbeurteilung) könnte bereits eine Negativbewertung signalisieren. Andererseits: Es gibt eine Menge Ausnahmen und Abweichungen, die nicht alle erklärbar sind und auch nicht immer eine »böse Absicht« verfolgen.

Was für Sie jetzt vielleicht noch ganz theoretisch klingt, möchten wir Ihnen an drei Beispielen verdeutlichen. Auf den folgenden Seiten finden Sie die Zeugnisse von Heinz Gutzeit, der als Hausmeister beschäftigt war, Brigitte Fuchs, einer Zahnarzthelferin, Wolfgang Krause, einem Schauwerbegestalter, und schließlich von Rainer Tete, der als Verkaufsleiter und stellvertretender Geschäftsführer in einem Hotel gearbeitet hat. Schritt für Schritt werden die einzelnen Gliederungspunkte und Ausformulierungen besprochen und bewertet.

Auf dem unteren Teil der Seite lesen Sie ab Seite 16 fortlaufend alles zum »Grundwissen Arbeitszeugnisse«.

Werfen Sie aber zunächst einen Blick auf drei Versionen des Zeugnisses von Herrn Gutzeit. Welche gefällt Ihnen am besten?

Die Berufe der hier beurteilten Arbeitnehmer spielen dabei eine untergeordnete Rolle. Uns kommt es darauf an, beispielhaft die wichtigsten Kriterien zu verdeutlichen, um den Lerneffekt zu optimieren.

IRRTÜMER

Die 10 größten Irrtümer bei Arbeitszeugnissen

Es ist ein Irrtum zu glauben, ...

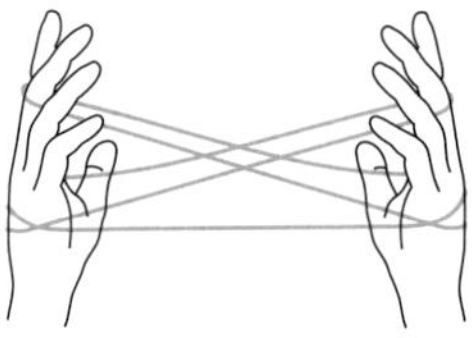

- Arbeitszeugnisse hätten heute keine Bedeutung mehr beim Auswahlprozess.
- ein Arbeitszeugnis sei ein Relikt und in weniger als 5 Jahren völlig überflüssig.
- Fachleute, Personaler und Arbeitgeber wüssten ziemlich genau, wie man einen Arbeitszeugnis-Text zu interpretieren hat.
- Arbeitgeber hätten längst jeden Glauben an Arbeitszeugnisse verloren.
- fast alle Arbeitszeugnisse seien doch von den Arbeitnehmern selbst geschrieben.
- mit einem schlechten Arbeitszeugnis in der Bewerbungsmappe habe man so gut wie keine Chance mehr.
- ein Arbeitszeugnis sei für jeden Arbeitnehmer ein wichtiger Karriere-Weichensteller.
- ein schlechtes Arbeitszeugnis sei immer noch besser als gar kein Arbeitszeugnis.
- als Arbeitnehmer habe man bei einem Änderungswunsch beim Arbeitszeugnis schlechte Karten.
- vors Arbeitsgericht zu ziehen nur wegen eines ungerecht schlechten Zeugnisses lohne sich nicht.

LIEGENSCHAFTS-GMBH

seit 1900 in Frankfurt/M.

Herrn
Heinz Gutzeit
Müllerstr. 30
61234 Frankfurt/M.

Zeugnis

Herr Heinz Gutzeit, geboren am 31.08.1954 in Berlin, war vom 01.04.2008 bis zum 31.12.2009 als Hausmeister für den gesamten Gebäudekomplex Normannenstr. 19 in Sachsenhausen zuständig.

Zu seinen Hauptaufgaben gehörten der Schließdienst für alle Haupt- und Nebengebäude, die gärtnerische Betreuung der Außenanlagen, die Durchführung kleinerer Reparaturarbeiten, die Überwachung von Handwerksarbeiten sowie die Kontrolle des externen Reinigungsdienstes.

Ab Juli 2009 übernahm Herr Gutzeit zusätzlich die Pflege des Fuhrparks, der aus drei Pkw und fünf Kleintransportern bestand.

Herr Gutzeit zeigte sich nach kurzer Einarbeitungszeit den Aufgaben voll gewachsen und konnte durch seine gute handwerkliche Befähigung vielfältig eingesetzt werden. Er war überdurchschnittlich einsatzbereit und erledigte die ihm zugeteilten Aufgaben zuverlässig, sorgfältig und verantwortungsbewusst und stets zu unserer Zufriedenheit.

Seine Führung war einwandfrei und gab niemals Anlass zu Beanstandungen.
Bei Kollegen wie Vorgesetzten war er gleichermaßen beliebt.

Herr Gutzeit verlässt uns auf eigenen Wunsch. Wir wünschen ihm für seinen weiteren Berufs- und Lebensweg alles Gute.

Frankfurt, 10.01.2010

LIEGENSCHAFTS-GMBH

Walter Schmidt

LIEGENSCHAFTS-GMBH | Frankfurter Zeile 116 | 60891 Frankfurt/M. | Tel: 069 23467211
Deutsche Bank Frankfurt | Konto-Nr. 112 342 | BLZ 100 200 00
Geschäftsführender Gesellschafter Martin Heinz Ebersbächer, Diplomkaufmann und Diplomvolkswirt

Zeugnis von Heinz Gutzeit, 1. Version

LIEGENSCHAFTS-GMBH

seit 1900 in Frankfurt/M.

Arbeitszeugnis

Herr Heinz Gutzeit, geboren am 31.08.1954 in Berlin, wohnhaft Müllerstr. 30 in Frankfurt, war vom 01.04.2008 bis zum 31.12.2009 für den gesamten Gebäudekomplex Normannenstr. 19 in Sachsenhausen als alleiniger Hausmeister für uns tätig.

Zu seinen Hauptaufgaben gehörten der Schließdienst für alle Haupt- und Nebengebäude, die gärtnerische Betreuung der Außenanlagen, die Durchführung kleinerer Reparaturarbeiten, die Überwachung von Handwerksarbeiten sowie die Kontrolle des externen Reinigungsdienstes, der einmal wöchentlich erfolgte.

Im Sommer 2009 übernahm Herr Gutzeit zusätzlich die Pflege des Fuhrparks, der aus drei Pkw und fünf Kleintransportern bestand.

Herr Gutzeit zeigte sich bereits nach kurzer Einarbeitungszeit den Aufgaben voll gewachsen und konnte durch seine geschickte handwerkliche Befähigung immer vielfältig eingesetzt werden. Er war überdurchschnittlich einsatzbereit und erledigte die ihm zugeteilten Aufgaben zuverlässig, sorgfältig und verantwortungsbewusst und zu unserer Zufriedenheit.

Das Verhalten von Herrn Gutzeit war jederzeit eigentlich einwandfrei und gab niemals Anlass zu Beanstandungen. Bei Vorgesetzten und Kollegen war er gleichermaßen beliebt und unsere Mieter schätzten seine hilfsbereite und stets freundliche Art.

Zum Jahresende verlässt uns Herr Gutzeit auf eigenen Wunsch. Wir danken Ihm und wünschen Ihm für seinen weiteren Berufs- und Lebensweg alles Gute, viel Glück und Erfolg.

Frankfurt, 10.12.2009

LIEGENSCHAFTS-GMBH

M. Ebersbächer

Martin H. Ebersbächer
Geschäftsführer

LIEGENSCHAFTS-GMBH | Frankfurter Zeile 116 | 60891 Frankfurt/M. | Tel: 069 23467211
Deutsche Bank Frankfurt | Konto-Nr. 112 342 | BLZ 100 200 00
Geschäftsführender Gesellschafter Martin Heinz Ebersbächer, Diplomkaufmann und Diplomvolkswirt

Zeugnis von Heinz Gutzeit, 2. Version

LIEGENSCHAFTS-GMBH

seit 1900 in Frankfurt/M.

Arbeitszeugnis

Herr Heinz Gutzeit, geboren am 31.08.1954 in Berlin, war vom 01.04.2008 bis zum 31.12.2009 für den gesamten Gebäudekomplex Sachsenhausen, Normannenstr. 19 als alleiniger Hausmeister verantwortlich.

Zu seinen Hauptaufgaben gehörten der Schließdienst für alle Haupt- und Nebengebäude, die gärtnerische Betreuung der Außenanlagen, die Durchführung kleinerer Reparaturarbeiten, die Überwachung von Handwerksarbeiten sowie die Kontrolle des externen Reinigungsdienstes, der einmal wöchentlich erfolgte. Im Sommer 2009 übernahm Herr Gutzeit zusätzlich die Pflege des Fuhrparks, der aus drei Pkw und fünf Kleintransportern bestand.

Herr Gutzeit zeigte sich bereits nach kurzer Einarbeitungszeit den Aufgaben voll gewachsen und konnte durch seine geschickte handwerkliche Befähigung immer vielfältig eingesetzt werden. Er war überdurchschnittlich einsatzbereit und erledigte die ihm zugeteilten Aufgaben zuverlässig, sorgfältig, verantwortungsbewusst und jederzeit zu unserer ganzen Zufriedenheit.

Das Verhalten von Herrn Gutzeit war stets einwandfrei. Von Vorgesetzten und Kollegen wurde er geschätzt und unsere Mieter mochten seine hilfsbereite und stets freundliche Art.

Herr Gutzeit verlässt uns auf eigenen Wunsch fristgemäß zum Jahresende. Wir bedauern seinen Weggang und danken ihm für die gute Zusammenarbeit. Auf seinem zukünftigen Berufs- und Lebensweg wünschen wir ihm alles Gute, viel Glück und Erfolg.

Frankfurt, 31.12.2009

LIEGENSCHAFTS-GMBH

M. Ebersbächer

Martin H. Ebersbächer
Geschäftsführer

LIEGENSCHAFTS-GMBH | Frankfurter Zeile 116 | 60891 Frankfurt/M. | Tel: 069 23467211
Deutsche Bank Frankfurt | Konto-Nr. 112 342 | BLZ 100 200 00
Geschäftsführender Gesellschafter Martin Heinz Ebersbächer, Diplomkaufmann und Diplomvolkswirt

Zeugnis von Heinz Gutzeit, 3. Version

Kommentar zur 1. Zeugnis-Version von Heinz Gutzeit

Das auf Firmenpapier geschriebene Zeugnis ist adressiert wie ein Brief. Absolut unkorrekt, ein Zeugnis ist ein Dokument, das eigentlich persönlich überreicht werden sollte, und darf nicht wie ein Brief ausgestattet sein. Die Einleitung ist okay und auch die folgenden Absätze sind unauffällig. Die Gesamtlänge ist angesichts der knapp 2-jährigen Verweildauer angemessen.

Am Ende des 4. Absatzes steht die zusammenfassende Zufriedenheitsaussage. Diese ist zwar sehr positiv (schulisch etwa eine Note 1 – 2), kontrastiert aber mit anderen, deutlich negativen Hinweisen. Wie ist sonst wohl die Formulierung bei der Verhaltensbeurteilung »gab niemals Anlass zu Beanstandungen« gemeint? Sicher eher negativ. Die Kollegen werden vor den Vorgesetzten genannt, was klar die falsche Reihenfolge ist und deutlich Probleme signalisiert.

Die Abschlussformel enthält weder Dank noch Bedauern und lässt, zusammen mit den anderen Hinweisen, darauf schließen, dass der Arbeitgeber mit diesem Text eine große Unzufriedenheit signalisiert. Der Unterzeichner weist seine Kompetenz nicht aus und das Ausstellungsdatum liegt schon etwas vom Austrittsdatum entfernt. Auch kein gutes Zeichen und damit leider im Einklang mit den anderen schlechten Merkmalen.

Fazit: Für den Betroffenen kein hilfreiches Zeugnis und damit wirklich Anlass zur Sorge. Eine professionelle positive Überarbeitung wäre dringend zu empfehlen. Einschätzung: kaum noch ausreichend. Ein potenzieller Stolperstein.

Kommentar zur 2. Zeugnis-Version

Kein Adressfeld, aber dafür die aktuelle Wohnanschrift im ersten Absatz. Sehr unprofessionell, kaum besser, und nicht zulässig.

Die Zufriedenheitsaussage klingt zwar recht freundlich, bedeutet aber im Klartext, dass die Arbeitsleistungen kaum ausreichend waren. Keine Empfehlung also. Und auch die Beurteilung des Verhaltens, das »jederzeit eigentlich einwandfrei« war, wirkt durch das »eigentlich« wieder sehr problematisch, selbst wenn jetzt die Abfolge Vorgesetzte, Kollegen (Mitarbeiter, sonstige) korrekt gewählt wurde.

In der Abschlussformel wird Dank ausgedrückt und die Zukunftswünsche klingen sehr freundlich. Hier ist aber die (Groß-)Schreibweise *Ihm* zu reklamieren, schließlich handelt es sich nicht um eine direkte Anrede.

Der Unterzeichner weist seine Kompetenz aus, aber das Ausstellungsdatum liegt schon deutlich vor dem Austrittsdatum, leider auch nicht so ideal. Insgesamt: In einigen Teilen besser, in anderen aber schlecht genug, sodass dieses Zeugnis immer noch als sehr problematisch einzuschätzen ist.

Kommentar zur 3. Zeugnis-Version

Die 3. Version ist eindeutig die beste. Warum?

Die elegantere und sorgfältige Formulierung fällt schnell beim Lesen und im Vergleich zu den vorherigen Zeugnisversionen auf. Die zusammenfassende Zufriedenheitsaussage ist eindeutig positiv, wenn auch nicht ganz klassisch gewählt:

Er war überdurchschnittlich einsatzbereit und erledigte die ihm zugeteilten Aufgaben zuverlässig, sorgfältig, verantwortungsbewusst und jederzeit zu unserer ganzen Zufriedenheit.

Auch die Verhaltensbeurteilung klingt jetzt freundlich wohlwollend und überhaupt nicht mehr zweideutig:

Das Verhalten von Herrn Gutzeit war stets einwandfrei. Von Vorgesetzten und Kollegen wurde er geschätzt und unsere Mieter mochten seine hilfsbereite und stets freundliche Art.

Die Abschlussformulierung vermittelt eine positiv würdigende Haltung des Zeugnisausstellers:

Herr Gutzeit verlässt uns auf eigenen Wunsch fristgemäß zum Jahresende. Wir bedauern seinen Weggang und danken ihm für die gute Zusammenarbeit. Auf seinem zukünftigen Berufs- und Lebensweg wünschen wir ihm alles Gute, viel Glück und Erfolg.

Datum und Unterschrift sind optimal.

Vergleichen Sie selbst und lernen Sie in den folgenden Beispielen, worauf es wirklich ankommt und was wichtig ist.

Es folgen die bereits angekündigten Zeugnisse von Brigitte Fuchs und Wolfgang Krause – Stück für Stück aufgebaut und kommentiert.

Jedes Zeugnis hat eine **Überschrift**. Vorstellbar sind folgende Möglichkeiten: »Zeugnis«, »Arbeitszeugnis«, »Berufsausbildungszeugnis«, »Dienstzeugnis«, »Praktikumszeugnis«. Beantragen Sie ein Zeugnis, ohne dass Sie den Arbeitsplatz verlassen, sollte in der Überschrift »Zwischenzeugnis« (s. S. 65) stehen. Bitten Sie deutlich vor Ende des Arbeitsverhältnisses um ein Zeugnis, dann ist es ein »vorläufiges« (s. S. 70).

Nach der Überschrift folgt die **Einleitung**. Hier werden Angaben zu Person, Beruf und Beschäftigungsdauer gemacht. Letzterer wird sehr große Beachtung geschenkt, kann man ihr doch einiges entnehmen: Zunächst einmal sagt sie etwas über den Informationswert des Zeugnisses aus, d. h.: kurze Beschäftigungszeit = wenig Beurteilungsmöglichkeiten. Darüber hinaus wird etwas über den Arbeitnehmer gesagt. Eine sehr kurze Beschäftigungsdauer kann mangelndes Durchhaltevermögen oder Probleme am Arbeitsplatz signalisieren, eine äußerst lange Beschäftigung wird eventuell mit mangelnder Flexibilität und Betriebsblindheit gleichgesetzt. (Natürlich kommt es immer auf den einzelnen Arbeitnehmer an, auf seine Qualifikationen und den Arbeitsplatz sowie auf die Zusammenschau der vorgelegten Zeugnisse.) Generell gilt: Eine Beschäftigungsdauer unter 2 Jahren ist deutlich negativ, von 3 bis 7 Jahren positiv, danach spätestens ab 10 Jahren (bei einem Wechsel) eher als problematisch zu beurteilen. Ab 15 Jahren Beschäftigungsdauer stellt sich ganz besonders die Frage, warum jemand nach so langer Zeit wechselt.

Hier wurde die Überschrift »Zeugnis« gewählt. Fehlt bei Ihrem Zeugnis die Überschrift, bitten Sie um Korrektur.

In dieser Einleitung wurde noch der Geburtsort angegeben. Das kann, muss aber nicht unbedingt so sein. Nicht mehr üblich ist es, die jetzige Wohnanschrift anzuführen (»wohnhaft in …«), um nicht Vorurteilen bzgl. der sozialen Einstufung bestimmter Wohnorte und -gegenden Vorschub zu leisten.

> **Zeugnis**
>
> Frau Brigitte Fuchs, geboren am 12.01.1964 in Wolfsburg, war vom 01.10.2007 bis zum 31.08.2010 in meiner Praxis als Zahnarzthelferin tätig.

Wolfgang Krause verlässt seinen Arbeitgeber, weil er ein Studium aufnehmen möchte. Werfen wir nun einen Blick auf sein Endzeugnis. Dazu werden wir es, wie bei Brigitte Fuchs, Punkt für Punkt analysieren, beginnend bei der **Überschrift**.

Bereits in der Einleitung kann zwischen den Zeilen eine negative Wertung mitschwingen, die dem Laien nicht auffällt, für den geübten Zeugnisleser aber ein »Wink mit dem Zaunpfahl« ist. So können die Aufführung eines »krummen Datums« bei Arbeitsvertragsende (alles andere als 30. bzw. 31., ggf. 15.), aber auch ein »Nicht-Quartalsende« (z. B. Februar, Juli usw.) negative Aspekte signalisieren. Ebenso abwertend sind scheinbar harmlose Formulierungen wie z. B. »Hiermit bescheinigen wir Herrn Horst Maier, geboren am 12.01.1960, in unserem Unternehmen vom … bis … beschäftigt gewesen zu sein«. Es wird zwischen den Zeilen zum Ausdruck gebracht, dass man nicht viel von dem Mitarbeiter hält.

Es ist übrigens nicht von Nachteil, wenn in der Einleitung lediglich das Eintrittsdatum ins Unternehmen erscheint und das Austrittsdatum bei der Schlussformulierung genannt wird.

Wie Sie schon den Erläuterungen zum Zeugnisbeispiel von Frau Fuchs entnehmen konnten, sollte schlicht das Wort »Zeugnis« als Überschrift gewählt werden. Der Zusatz »End-« ist insofern überflüssig, als man bei einem Zeugnis immer davon ausgeht, dass es endgültig ist. Ausnahmen: das Zwischenzeugnis und das vorläufige Zeugnis.

Die Einleitung ist in Ordnung, bis auf die Kleinigkeit, dass der Vorname von Herrn Krause vergessen wurde. Er sollte um Korrektur bitten, damit es zweifelsfrei auch sein Zeugnis ist.

> **Endzeugnis**
>
> Herr Krause, geboren am 20. Dezember 1972, war bei uns in der Zeit vom 1. Mai 2005 bis 30. Juni 2010 als Schauwerbegestalter für unsere Dekorationsabteilung beschäftigt.

Nach Überschrift und Einleitung folgt als dritter Gliederungspunkt eines Zeugnisses die **Positions-, Aufgaben- und Tätigkeitsbeschreibung**. Es reicht dabei nicht, nur die Position zu benennen, z. B. Chefsekretärin, sondern es muss eine detaillierte Tätigkeits- und Aufgabenbeschreibung sein. Werden nur Position und Funktion erwähnt, ist das ein recht drastischer Hinweis auf Nichtwertschätzung. Typische Merkmale der Aufgabenstellung und des Arbeitsplatzes müssen so vollständig und präzise beschrieben sein, dass ein fachkundiger Dritter sich einen genauen Eindruck vom Aufgabengebiet des beurteilten Arbeitnehmers machen kann. Dazu gehören ggf. auch Informationen über die berufliche Entwicklung im Unternehmen (Zuwachs an Kompetenz, Verantwortung oder auch Eingruppierung in eine höhere Tarifgruppe). Generell gilt bei der Aufgabenbeschreibung, dass zu viele »passive« Formulierungen wie »XY oblag …« oder »zu den Aufgaben gehörte …« eine eher negative Tendenz in Richtung mangelnde(r) Leistung/Erfolg/Initiative andeuten können.

Wichtig ist, dass an dieser Stelle nur wirklich Wesentliches genannt wird. Wenn der Arbeitgeber von Frau Fuchs auf Platz 2 der Auflistung erwähnt, sie habe das Telefon bedient, beinhaltet eine derartige Überbetonung von Unwesentlichem eine klare Negativbeurteilung. Zur Reihenfolge der Aufgabenbeschreibung: Das Wichtigste sollte in der Aufzählung am Anfang stehen.

Zeugnis

Frau Brigitte Fuchs, geboren am 12.01.1964 in Wolfsburg, war vom 01.10.2007 bis zum 31.08.2010 in meiner Praxis als Zahnarzthelferin tätig.

Zu ihren Aufgaben gehörten folgende Tätigkeiten:

- Assistenz am Behandlungsstuhl
- Telefondienst
- Erstellung und Abrechnung von Heil- und Kostenplänen
- Quartalsabrechnung für die Krankenkassen
- Erstellung von Privatliquidationen
- Empfang und Betreuung der Patienten
- Führung des Patiententerminbuches

GRUNDWISSEN ARBEITSZEUGNISSE

Arbeitszeugnis-Aussteller

Der Arbeitgeber bzw. Dienstherr ist verpflichtet, dem Arbeitnehmer auf begründeten Antrag hin ein Zeugnis auszustellen. Die Anlässe sind das Arbeitsende bzw. Gründe, wie beim Zwischenzeugnis beschrieben. In größeren Unternehmen ist die Personalabteilung dafür zuständig, in kleineren der Inhaber. Entscheidender Punkt bei der Erstellung eines Arbeitszeugnisses ist neben den inhaltlichen Kriterien die Frage, wer das Zeugnis unterschreibt und damit als Aussteller und evtl. als Ansprechpartner Verantwortung übernimmt.

Ein gleichberechtigter Mitarbeiter, ein Kollege oder die Schreibkraft aus dem Lohnbüro kommen als Unterzeichner nicht infrage. Das Arbeitszeugnis muss immer von einem deutlich ranghöheren Mitarbeiter unterschrieben werden. Wichtig zu wissen. Man hat als Arbeitnehmer keinen Anspruch darauf, dass der Chef persönlich unterschreibt (Ausnahme: Er ist der einzige Ranghöhere).

Im öffentlichen Dienst sind der Behördenleiter bzw. sein Stellvertreter, gegebenenfalls auch die Personalabteilung für die Ausstellung des Arbeitszeugnisses zuständig. Vorstellbar sind auch zwei Unterschriften unter Ihrem Arbeitszeugnis, wobei eine von Ihrem direkten Fachvorgesetzten sein darf.

Da der geschulte Blick eines potenziellen neuen Arbeitgebers bei der

Bei der **Positions-, Aufgaben- und Tätigkeitsbeschreibung** gilt als Faustregel: Je qualifizierter und spezialisierter die Tätigkeit und je länger die Zugehörigkeit zum Unternehmen, umso ausführlicher sollte die Darstellung sein. Eine aktuelle Stellenbeschreibung kann bei der Zeugniserstellung hilfreich sein (besonders wenn man das Zeugnis selbst schreiben muss). Da Chefs häufig den detaillierten Tätigkeitsbereich ihrer Mitarbeiter nicht kennen (und oft auch nicht adäquat beurteilen können), steht dem im Zeugnis Beurteilten gerade bei der wichtigen Aufgabenbeschreibung ein Mitwirkungsrecht zu. Möglicherweise hat der betroffene Arbeitnehmer ein besonderes Interesse daran, dass bestimmte Tätigkeiten herausgestellt werden, weil dies z. B. für seine weiteren beruflichen Pläne oder eine konkrete aktuelle Bewerbung besonders wichtig und dienlich ist.

Inhaltlich sind die wichtigsten Punkte in der angemessenen Reihenfolge genannt. Hier wurden die Arbeitsaufgaben in ganzen Sätzen beschrieben, im Zeugnis von Frau Fuchs wählte der Aussteller die Aufzählungsform mit Spiegelstrichen. Beides ist möglich und gleichrangig in Ordnung. Allerdings ist es stilistisch nicht sehr schön, zweimal hintereinander das Wort »gehörte« bzw. »gehörten« zu verwenden. Das Gleiche gilt für Füllwörter wie »auch«.

Zeugnis

Herr Krause, geboren am 20. Dezember 1972, war bei uns in der Zeit vom 1. Mai 2005 bis 30. Juni 2010 als Schauwerbegestalter für unsere Dekorationsabteilung beschäftigt.

Zu seinen Aufgaben gehörten das selbstständige Erstellen der Schaufensterdekorationen sowie die Mitarbeit bei der Gestaltung der Warenpräsentation in den Verkaufsräumen. Dazu gehörte auch die Beschaffung der Materialien und die Kontrolle der Kosten. Bei unseren Sonderveranstaltungen war Herr Krause auch für den Entwurf und die Ausführung der Dekorationen zuständig.

Zeugnisanalyse garantiert zur Kenntnis nimmt, wer Ihr Zeugnis unterschrieben hat, sollten Sie unbedingt verlangen, dass nicht irgendjemand, sondern möglichst der Geschäftsführer, Direktor, Personalchef, Prokurist, Abteilungsleiter oder wenigstens ein Meister unterschreibt. Je ranghöher die Person, die unterzeichnet, desto mehr Wertschätzung und Glaubwürdigkeit werden durch das Zeugnis belegt. Damit dies auch für den Leser deutlich wird, sollten unter der maschinenschriftlichen Wiederholung des Namens des Unterzeichnenden auch dessen Titel und Funktion stehen. Auf keinen Fall ist eine Übertragung der Zeugnisausstellung (oder der Unterschrift) an eine dritte Person zulässig, die gar nicht zum Unternehmen gehört (z. B. an den Anwalt infolge einer arbeitsrechtlichen Auseinandersetzung).

Wann ist das Zeugnis fällig?

Unabhängig davon, ob es sich um eine ordentliche, fristgerechte oder eine außerordentliche und damit fristlose Kündigung handelt und egal ob sie von Arbeitgeber- oder Arbeitnehmerseite ausgeht: Mit der tatsächlichen Beendigung des Arbeitsverhältnisses hat der Arbeitnehmer ein Recht auf ein einfaches bzw. (besser!) auf ein qualifiziertes Arbeitszeugnis. Bei längeren Kündigungsfristen – während derer der Arbeitnehmer noch weiter beschäftigt, aber bereits auf Arbeitsplatzsuche ist – besteht der berechtigte Anspruch auf ein vorläufiges Arbeitszeugnis. Dieses bindet den Arbeitgeber weitestge- ▶

Eine der heikelsten Zeugniskomponenten ist die **Leistungsbeurteilung** des Arbeitnehmers. Hier schätzt der Arbeitgeber Aspekte ein wie Arbeitsbereitschaft, Arbeitsbefähigung, Arbeitsweise, Arbeitserfolg, ggf. Führungskompetenz. Schließlich folgt zusammenfassend, wie zufrieden man mit den Leistungen des Beurteilten war.

In der Leistungsbeurteilung sind alle notwendigen Bestandteile angesprochen. Falls Frau Fuchs an einer Fortbildung teilgenommen hat, sollte dies noch hinzugefügt werden. Weiterbildungsbereitschaft ist heutzutage besonders wichtig, weil Fachwissen eine äußerst geringe Halbwertszeit hat.

Die zusammenfassende Leistungsbeurteilung ist deutlich abgehoben durch einen eigenen Satz. In Schulnoten ausgedrückt: 2–3. Ohne den Hinweis auf die relativ kurze Mitarbeit wäre es eine glatte 2 (nur knapp zwei Jahre Tätigkeit wegen Mutterschaftsurlaub, s. Zeugnisabschluss S. 22).

Zeugnis

Frau Brigitte Fuchs, geboren am 12.01.1964 in Wolfsburg, war vom 01.10.2007 bis zum 31.08.2010 in meiner Praxis als Zahnarzthelferin tätig.

Zu ihren Aufgaben gehörten folgende Tätigkeiten:

- Assistenz am Behandlungsstuhl
- Telefondienst
- Erstellung und Abrechnung von Heil- und Kostenplänen
- Quartalsabrechnung für die Krankenkassen
- Erstellung von Privatliquidationen
- Empfang und Betreuung der Patienten
- Führung des Patiententerminbuches

In den knapp zwei Jahren ihrer Tätigkeit habe ich Frau Fuchs als eine sehr ehrliche und stets pünktliche Mitarbeiterin kennen und schätzen gelernt. Sie führte ihre Arbeiten stets mit großem Engagement, Fleiß und unbedingter Zuverlässigkeit aus. Ferner erledigte sie ihre Arbeiten auch sehr ordentlich, zügig und gewissenhaft und wusste ihr Fachwissen immer erfolgreich einzubringen.

Ich war mit den Leistungen von Frau Fuchs voll und ganz zufrieden.

▶ hend für die Formulierung des endgültigen Zeugnisses, es sei denn, in der Zwischenzeit sind nachweislich gravierende Dinge vorgefallen, die mit Recht Eingang in das endgültige Arbeitszeugnis finden müssen.

Wann verjährt der Zeugnisanspruch?

Die Verjährungsfrist ist je nach Branche unterschiedlich geregelt. In der Alltagsrealität empfiehlt es sich, nicht lange zu warten, sondern sein Zeugnis so rasch wie möglich zu erbitten und gegebenenfalls diesen Anspruch juristisch durchzusetzen. Wer hier nachlässig ist, geht bereits nach etwa drei Monaten ein unkalkulierbares Risiko ein.

Am besten bittet man also gleichzeitig mit der Kündigungserklärung um die schnelle Ausfertigung eines qualifizierten Zeugnisses. (Auf der CD-ROM finden Sie Musterbriefe dafür.) Sollten Sie damit keinen Erfolg haben, müssen Sie wohl oder übel ein vorläufiges Zeugnis akzeptieren, das aber in seiner hoffentlich positiven Beurteilung die letzten Arbeitswochen oder -monate, die oftmals nicht unproblematisch verlaufen (Stichwort Enttäuschungen), »festklopft«.

Wie sieht der gesetzliche Hintergrund aus?

Die gesetzlichen Grundlagen für den Anspruch auf ein Arbeitszeugnis ergeben sich aus verschiedenen Paragrafen des Bürgerlichen Gesetzbuches (BGB), des Handelsgesetzbuches (HGB), der Gewerbeordnung (GewO), des Berufsbildungsgesetzes (BBiG)

Bei der **Leistungsbeurteilung** wird meistens die zusammenfassende Zufriedenheitsaussage als ausschlaggebend gewertet. Hier gibt es eine allgemein anerkannte Skala von positiven Formulierungen, die quasi einer (Schul-)Notenskala gleichkommt.

Die zusammenfassende Leistungsbeurteilung entspricht der Zeugnisnote »gut«. Insgesamt hätte dieser Abschnitt vielleicht noch etwas ausführlicher ausfallen können. So fehlen z. B. Aussagen über Weiterbildung und besondere Arbeitserfolge. Wenn es die jedoch nicht gab, können sie natürlich nicht erwähnt werden.

Noch ein Hinweis: Begriffe wie Fleiß, Ordnung, Zuverlässigkeit sind bei komplexen Arbeitsaufgaben schlicht zu simpel und nicht als Beschreibungsmerkmal ausreichend.

Zeugnis

Herr Krause, geboren am 20. Dezember 1972, war bei uns in der Zeit vom 1. Mai 2005 bis 30. Juni 2010 als Schauwerbegestalter für unsere Dekorationsabteilung beschäftigt.

Zu seinen Aufgaben gehörten das selbstständige Erstellen der Schaufensterdekorationen sowie die Mitarbeit bei der Gestaltung der Warenpräsentation in den Verkaufsräumen. Dazu gehörte auch die Beschaffung der Materialien und die Kontrolle der Kosten. Bei unseren Sonderveranstaltungen war Herr Krause außerdem für den Entwurf und die Ausführung der Dekorationen zuständig.

Während seiner fünfjährigen Tätigkeit in unserem Hause zeigte Herr Krause eine schnelle Auffassungsgabe und großes Engagement. Die Liebe zu seinem Beruf kommt in seinen Arbeitsergebnissen zum Ausdruck, die stets sehr überzeugend waren, da er seine gestalterischen und organisatorischen Fähigkeiten erfolgreich in seine Arbeit einbrachte. Er arbeitete sehr fleißig, ordentlich und zuverlässig und verfügt über ein sehr gutes und solides Fachwissen.

Die ihm übertragenen Arbeiten erledigte Herr Krause stets zu unserer vollen Zufriedenheit.

sowie aus Tarifverträgen. Danach hat jeder Arbeitnehmer, der abhängig beschäftigt und damit wirtschaftlich von seinem Arbeitgeber abhängig ist, Anspruch auf ein Arbeitszeugnis.

Generell kann man sagen: Der Arbeitgeber ist gegenüber dem Arbeitnehmer gemäß § 630 BGB verpflichtet, nach Beendigung des Arbeitsverhältnisses ein Zeugnis auszustellen – allerdings nur dann, wenn der Arbeitnehmer dies ausdrücklich verlangt.

Es handelt sich somit juristisch gesprochen um eine »Holschuld« und nicht um eine »Bringschuld«. Der Arbeitgeber hat kein Recht, das Arbeitszeugnis zurückzuhalten (z. B. mit der Begründung, Arbeitsgeräte und -kleidung seien noch nicht zurückgegeben worden etc.).

Bei Leiharbeitern ist der »Verleiher« der eigentliche Arbeitgeber und nicht der »Entleiher«, d. h. der Betrieb, bei dem es zum eigentlichen Arbeitseinsatz kommt und der die Qualität der Arbeit eigentlich besser beurteilen könnte. Freie Mitarbeiter sowie Handelsvertreter haben einen eingeschränkten Anspruch auf ein Arbeitszeugnis, der sich aus ihrem besonderen Vertragsverhältnis ableitet.

Mitarbeiter im öffentlichen Dienst haben nach den Vorschriften des TVöD/TV-L ebenfalls Anspruch auf ein Zeugnis. Bei Beamten heißt das Arbeitszeugnis Dienstzeugnis. Bei Rechtsstreitigkeiten ist bei Beamten nicht das Arbeits-, sondern das Verwaltungsgericht (nach vorangegangenem Widerspruchsverfahren) zuständig.

Im folgenden Abschnitt geht es um die **Verhaltensbeurteilung**. Gemeint ist das Sozialverhalten des Mitarbeiters am Arbeitsplatz unter Berücksichtigung seiner Beziehung zu Vorgesetzten, aber auch zu den Kollegen, ggf. zu den ihm unterstellten Mitarbeitern und evtl. Dritten wie Kunden, Lieferanten usw. Aufschlussreich ist in dieser Kategorie die Reihenfolge. Wenn korrekt formuliert wird, muss zuerst das Verhalten gegenüber den Vorgesetzten beurteilt werden, danach kommen Kollegen und schließlich Dritte. Allerdings ist bei Banken und Versicherungen eine deutliche Veränderung zu beobachten, die auch von Unternehmen aus anderen Branchen immer häufiger aufgegriffen wird. Der Kunde wird an die erste Stelle gesetzt (Hintergrund: »König Kunde«). Wie eine Verhaltensbeurteilung aussehen kann, entnehmen Sie dem weiter fortgesetzten Zeugnis-Beispiel:

Eine nicht überschwängliche (das kleine Wort »stets« fehlt), aber doch halbwegs passable Verhaltensbeurteilung, in der alle Parteien in der ordnungsgemäßen Reihenfolge genannt werden. Sie könnte aber auch besser formuliert sein (s. S. 29).

Zeugnis

Frau Brigitte Fuchs, geboren am 12.01.1964 in Wolfsburg, war vom 01.10.2007 bis zum 31.08.2010 in meiner Praxis als Zahnarzthelferin tätig.

Zu ihren Aufgaben gehörten folgende Tätigkeiten:

- Assistenz am Behandlungsstuhl
- Telefondienst
- Erstellung und Abrechnung von Heil- und Kostenplänen
- Quartalsabrechnung für die Krankenkassen
- Erstellung von Privatliquidationen
- Empfang und Betreuung der Patienten
- Führung des Patiententerminbuches

In den knapp zwei Jahren ihrer Tätigkeit habe ich Frau Fuchs als eine sehr ehrliche und stets pünktliche Mitarbeiterin kennen und schätzen gelernt. Sie führte ihre Arbeiten stets mit großem Engagement, Fleiß und unbedingter Zuverlässigkeit aus. Ferner erledigte sie ihre Arbeiten auch sehr ordentlich, zügig und gewissenhaft und wusste ihr Fachwissen immer erfolgreich einzubringen.

Ich war mit den Leistungen von Frau Fuchs voll und ganz zufrieden. Sie war wegen ihres freundlichen und kollegialen Umgangs bei ihren Vorgesetzten und den Kollegen gleichermaßen beliebt. Gegenüber den Patienten war sie ebenfalls jederzeit hilfsbereit und zuvorkommend.

Geheimsprache im Arbeitszeugnis

Der Arbeitgeber ist arbeitsrechtlich gehalten, seinem Arbeitnehmer kein negatives Zeugnis auszustellen. Dies hat zur Folge, dass alle Formulierungen zwar positiv klingen, sich aber eine Art Geheimsprache entwickelt hat, die in chiffrierter Form signalisiert, was wirklich gut und was schlecht war. Dazu hier einige Beispiele (ausführliche Auflistung s. S. 75 ff.):

- *Herr/Frau XY hat die ihm/ihr übertragenen Arbeiten stets und ganz zu unserer vollsten Zufriedenheit erledigt.*
- *Herr/Frau Z zeigte für seine/ihre Arbeit Verständnis und war mit Interesse bei der Sache. Dabei bemühte er/sie sich immer, allen Anforderungen gerecht zu werden.*

Während die Formulierung für XY ein wirklich dickes Lob beinhaltet (sehr gute Leistungen), ist die Beurteilung für Z eine Bankrottbescheinigung. Der Text sagt eigentlich: Hier handelt es sich um einen faulen, nichts leistenden Versager.

Sehr gute Leistungen werden formuliert mit:

... *hat die ihm/ihr übertragenen Arbeiten stets zu unserer vollsten Zufriedenheit erledigt.*
... *waren wir mit seinen/ihren Leistungen in jeder Hinsicht außerordentlich zufrieden.*
... *haben seine/ihre Leistungen in jeder Hinsicht unsere volle/vollste Anerkennung gefunden.*

Besonders für Mitarbeiter, deren Aufgabenbereiche in der Organisation und in den Bereichen Produkt- und Projektmanagement liegen, ist eine ausführliche **Verhaltensbeurteilung**, d. h. die Darstellung des positiven Sozialverhaltens, von großer Wichtigkeit. Der Umgang mit Kunden (Mandanten, Patienten usw.), Lieferanten, Behörden, Publikum und Besuchern ist je nach Tätigkeitsbereich (z. B. PR-Abteilung oder Empfang) eine wichtige Zeugniskomponente, die eigentlich schon in den Leistungsbereich gehört. Denn soziale Qualifikationen zählen in diesem Zusammenhang zum »Handwerkszeug« und fallen in den Kompetenzbereich. Ein Weglassen legt den Verdacht nahe, gezielt etwas »zwischen den Zeilen« vermitteln zu wollen. Weitere Verhaltensaspekte wie z. B. Teamfähigkeit, Kontaktvermögen, hohe Kommunikations- und Hilfsbereitschaft, Aufgeschlossenheit und Loyalität können sehr wohl auch bei der Beurteilung des Sozialverhaltens Erwähnung finden.

Achtung: Bei der Verhaltensbeurteilung sind die Mitarbeiter vor den Vorgesetzten genannt. Das sollte Herr Krause unbedingt ändern lassen, sonst signalisiert das Zeugnis, dass das Verhältnis zu seinen Vorgesetzten gestört war.

Ansonsten gilt auch hier, was wir schon in Sachen Leistungsbeurteilung moniert haben: etwas zu knapp, auch wenn es sich in diesem Fall nicht um einen Beruf mit direktem Kundenkontakt handelt.

Zeugnis

Herr Krause, geboren am 20. Dezember 1972, war bei uns in der Zeit vom 1. Mai 2005 bis 30. Juni 2010 als Schauwerbegestalter für unsere Dekorationsabteilung beschäftigt.

Zu seinen Aufgaben gehörten das selbstständige Erstellen der Schaufensterdekorationen sowie die Mitarbeit bei der Gestaltung der Warenpräsentation in den Verkaufsräumen. Dazu gehörte auch die Beschaffung der Materialien und die Kontrolle der Kosten. Bei unseren Sonderveranstaltungen war Herr Krause außerdem für den Entwurf und die Ausführung der Dekorationen zuständig.

Während seiner fünfjährigen Tätigkeit in unserem Hause zeigte Herr Krause eine schnelle Auffassungsgabe und großes Engagement. Die Liebe zu seinem Beruf kommt in seinen Arbeitsergebnissen zum Ausdruck, die stets sehr überzeugend waren, da er seine gestalterischen und organisatorischen Fähigkeiten erfolgreich in seine Arbeit einbrachte. Er arbeitete sehr fleißig, ordentlich und zuverlässig und verfügt über ein sehr gutes und solides Fachwissen.

Die ihm übertragenen Arbeiten erledigte Herr Krause stets zu unserer vollen Zufriedenheit.

Sein kollegiales Verhalten machte ihn bei Mitarbeitern und Vorgesetzten sehr beliebt.

GRUNDWISSEN ARBEITSZEUGNISSE

Gute Leistungen werden mit folgenden Formulierungen beschrieben:

... *hat die ihm/ihr übertragenen Arbeiten stets zu unserer vollen Zufriedenheit erledigt.*

... *haben ihre/seine Leistungen unsere volle Anerkennung gefunden.*

... *waren wir mit seinen/ihren Leistungen voll und ganz zufrieden.*

Befriedigende Leistungen werden mit folgenden Formulierungen beschrieben:

... *hat die ihm/ihr übertragenen Arbeiten zu unserer vollen Zufriedenheit erledigt.*

... *waren wir mit seinen/ihren Leistungen voll/jederzeit zufrieden.*

... *hat unseren Erwartungen in jeder Hinsicht entsprochen.*

Ausreichende Leistungen werden umschrieben mit:

... *hat die ihm/ihr übertragenen Arbeiten zu unserer Zufriedenheit erledigt.*

... *waren wir mit seinen/ihren Leistungen zufrieden.*

Mangelhafte Leistungen werden umschrieben mit:

... *hat die ihm/ihr übertragenen Arbeiten im Großen und Ganzen zu unserer Zufriedenheit erledigt.*

... *haben seine/ihre Leistungen weitestgehend unseren Erwartungen entsprochen.*

▶

Nach der Verhaltensbeurteilung folgt der **Abschluss mit Beendigungsgrund**. Dieser Abschnitt wird von Personalchefs bei der Auswahl von Bewerbern sehr aufmerksam gelesen. Allerdings werden die Gründe im Zeugnis nur auf Wunsch des Arbeitnehmers und bei einer betriebsbedingten Kündigung aufgenommen. Eine fristlose Kündigung von Arbeitgeberseite darf nicht im Zeugnis stehen, ist jedoch am »krummen« Datum zu erkennen. In unserem Beispiel ist Frau Fuchs auf eigenen Wunsch gegangen.

Jetzt am Zeugnisende wird es noch mal ganz wichtig, welche Schlussformeln gewählt oder aber auch einfach weggelassen werden.

Die detaillierte Beschreibung der Gründe für das Ausscheiden hinterlässt einen glaubwürdigen und guten Eindruck.

In vielen Zeugnissen heißt es zwar »auf eigenen Wunsch«, doch dürfte sich herumgesprochen haben, dass dies wohl kaum der Arbeitsalltagsrealität entspricht.

Zeugnis

Frau Brigitte Fuchs, geboren am 12.01.1964 in Wolfsburg, war vom 01.10.2007 bis zum 31.08.2010 in meiner Praxis als Zahnarzthelferin tätig.

Zu ihren Aufgaben gehörten folgende Tätigkeiten:

- Assistenz am Behandlungsstuhl
- Telefondienst
- Erstellung und Abrechnung von Heil- und Kostenplänen
- Quartalsabrechnung für die Krankenkassen
- Erstellung von Privatliquidationen
- Empfang und Betreuung der Patienten
- Führung des Patiententerminbuches

In den knapp zwei Jahren ihrer Tätigkeit habe ich Frau Fuchs als eine sehr ehrliche und stets pünktliche Mitarbeiterin kennen und schätzen gelernt. Sie führte ihre Arbeiten stets mit großem Engagement, Fleiß und unbedingter Zuverlässigkeit aus. Ferner erledigte sie ihre Arbeiten auch sehr ordentlich, zügig und gewissenhaft und wusste ihr Fachwissen immer erfolgreich einzubringen.

Ich war mit den Leistungen von Frau Fuchs voll und ganz zufrieden.

Sie war wegen ihres freundlichen und kollegialen Umgangs bei ihren Vorgesetzten und Kollegen gleichermaßen beliebt. Gegenüber den Patienten war sie ebenfalls jederzeit hilfsbereit und zuvorkommend.

Frau Fuchs hat das Beschäftigungsverhältnis fristgemäß auf eigenen Wunsch gelöst, um sich nach Ablauf des Erziehungsurlaubs ganz der Familie zu widmen.

- **Unzureichende Leistungen** werden umschrieben mit:
  ... *hat sich bemüht, die ihm/ihr übertragenen Aufgaben zu unserer Zufriedenheit zu erledigen.*
  ... *hat sich bemüht, unseren Erwartungen/Anforderungen zu entsprechen.*

Die in Arbeitszeugnissen verwendete Geheimsprache sorgt häufig für Verwirrung, denn nicht jeder Chef (z. B. eines kleineren Unternehmens) kennt die entsprechenden Formulierungen dieses Codes. Möglicherweise weiß ein unbedarfter Chef gar nicht, wenn er selbst ein Zeugnis ausstellt, was er dem nächsten Arbeitgeber – vielleicht völlig unbeabsichtigt – über den Bewerber mitteilt. Es kommt auf die »kleinen«, unscheinbaren Wörter an: Die Beschreibung von Zufriedenheit im Arbeitszeugnis ohne weitere Zusätze attestiert lediglich **ausreichende** Leistungen. Im Zusammenhang mit dem Adjektiv »voll« oder besser noch »vollst« – einer sprachlichen Steigerung, die grammatikalisch bedenklich ist – werden qualifizierte, also bessere Leistungen attestiert. Wichtig: Damit es **»gut«** bzw. **»sehr gut«** bedeutet, bedarf es der Zusätze »stets«, »jederzeit« bzw. der Kombination »jederzeit und in jeder Hinsicht«.

Die Formulierungen »... bescheinigen wir Herrn/Frau XYZ, dass wir mit seinen/ihren Leistungen zufrieden waren ...« oder »... hat Herr/ Frau XYZ zufriedenstellend gearbeitet ...« sind Urteile, die in ihrer Schlichtheit knapp die Untergrenze des Akzep-

Wie erwähnt darf eine fristlose Kündigung durch den Arbeitgeber nicht im Zeugnis stehen, was jedoch nicht bedeutet, dass dieser Umstand »unter den Tisch fallen« muss. Der kundige Leser entnimmt dies dem »krummen« Datum, mit dem das Ende des Arbeitsverhältnisses terminiert wird (z. B. 20.02.2010). Auch Abschlusssätze wie »Das Arbeitsverhältnis endet am ...« zeigen, dass einiges schiefgelaufen ist, sodass die **Beendigungsformel** neben der Leistungseinschätzung eine wichtige Aussagekraft hat. Zeugnisse werden deutlich entwertet, wenn am Ende entsprechende Floskeln wie »auf eigenen Wunsch« bzw. »einvernehmlich« fehlen.

Der Ausscheidensgrund wird glaubhaft genannt. Herr Krause verlässt das Unternehmen also ganz offensichtlich nicht im Unfrieden – wie auch die folgende Bedauerns-Dankes-Zukunfts-Formel verdeutlicht (s. S. 25).

Zeugnis

Herr Krause, geboren am 20. Dezember 1972, war bei uns in der Zeit vom 1. Mai 2005 bis 30. Juni 2010 als Schauwerbegestalter für unsere Dekorationsabteilung beschäftigt.

Zu seinen Aufgaben gehörten das selbstständige Erstellen der Schaufensterdekorationen sowie die Mitarbeit bei der Gestaltung der Warenpräsentation in den Verkaufsräumen. Dazu gehörte auch die Beschaffung der Materialien und die Kontrolle der Kosten. Bei unseren Sonderveranstaltungen war Herr Krause außerdem für den Entwurf und die Ausführung der Dekorationen zuständig.

Während seiner fünfjährigen Tätigkeit in unserem Hause zeigte Herr Krause eine schnelle Auffassungsgabe und großes Engagement. Die Liebe zu seinem Beruf kommt in seinen Arbeitsergebnissen zum Ausdruck, die stets sehr überzeugend waren, da er seine gestalterischen und organisatorischen Fähigkeiten erfolgreich in seine Arbeit einbrachte. Er arbeitete sehr fleißig, ordentlich und zuverlässig und verfügt über ein sehr gutes und solides Fachwissen.

Die ihm übertragenen Arbeiten erledigte Herr Krause stets zu unserer vollen Zufriedenheit.

Sein kollegiales Verhalten machte ihn bei Mitarbeitern und Vorgesetzten sehr beliebt.

Herr Krause verlässt uns zum 30. Juni 2010 auf eigenen Wunsch, da er ein Design-Studium beginnen möchte.

tablen beschreiben, also vielleicht gerade noch ein **»ausreichend«** darstellen. Heißt es: Herr/Frau XY »... erledigte die ihm/ihr übertragenen Arbeiten im Großen und Ganzen zu unserer Zufriedenheit ...« oder »... wurde Herr/Frau XY den ihm/ihr übertragenen vielseitigen Aufgaben im Wesentlichen gerecht ...« oder »... entsprachen die Leistungen von Herrn/Frau XY weitestgehend unseren Erwartungen ...«, werden damit **mangelhafte** bis **unzureichende** Arbeitsleistungen attestiert. Die entsprechenden Negativ-Formulierungen stecken in den Zusätzen »im Großen und Ganzen«, »im Wesentlichen«, »teilweise«, »in etwa«.

Noch Schlimmeres wird bescheinigt, wenn man zu Umschreibungen greift wie »bemüht«, »bestrebt« oder »willens«. Auch die Formulierung »... zeigte für seine/ihre Arbeit Verständnis ...« enthält im Klartext eine krasse Abwertung der Arbeitsleistung, ein totaler Knock-out.

Aussagen über die Führung, wie »vorbildliches Verhalten«, »aufgeschlossenes Wesen«, sind mit entsprechendem zeitlichen Zusatz wie »jederzeit« oder »in jeder Hinsicht« positiv. Wird aber formuliert: »... können wir Herrn/Frau XY bestätigen, dass ihr/sein Verhalten gegenüber Kollegen und Kunden einwandfrei war ...«, steckt hier der kritische Hinweis auf Fehlverhalten in der Tatsache, dass nichts über das Verhalten gegenüber dem Vorgesetzten gesagt wurde. Gemeint ist: Achtung – hier gab/gibt es Probleme. ▶

Um mit dem Zeugnis einen überzeugenden Eindruck zu hinterlassen, macht es sich gut, wenn der Arbeitgeber eine **Bedauerns-Dankes-Zukunfts-Formel** einfügt, wie es auch der Arbeitgeber von Frau Fuchs getan hat:

Hier kommt die Wertschätzung des Arbeitgebers deutlich zum Ausdruck. Achten Sie aber genau auf die Art der Formulierung. Lässt man – anders als in dem Zeugnis von Frau Fuchs – z. B. die Zukunftswünsche wegfallen, wird damit angedeutet, dass man nicht wirklich bedauert, dass der Mitarbeiter bzw. die Mitarbeiterin geht.

Haben Sie den Fehler im letzten Absatz bemerkt? Statt »auf Ihrem weiteren …« muss es »auf ihrem weiteren« heißen. Bitte korrigieren.

Zeugnis

Frau Brigitte Fuchs, geboren am 12.01.1964 in Wolfsburg, war vom 01.10.2007 bis zum 31.08.2010 in meiner Praxis als Zahnarzthelferin tätig.

Zu ihren Aufgaben gehörten folgende Tätigkeiten:

- Assistenz am Behandlungsstuhl
- Telefondienst
- Erstellung und Abrechnung von Heil- und Kostenplänen
- Quartalsabrechnung für die Krankenkassen
- Erstellung von Privatliquidationen
- Empfang und Betreuung der Patienten
- Führung des Patiententerminbuches

In den knapp zwei Jahren ihrer Tätigkeit habe ich Frau Fuchs als eine sehr ehrliche und stets pünktliche Mitarbeiterin kennen und schätzen gelernt. Sie führte ihre Arbeiten stets mit großem Engagement, Fleiß und unbedingter Zuverlässigkeit aus. Ferner erledigte sie ihre Arbeiten auch sehr ordentlich, zügig und gewissenhaft und wusste ihr Fachwissen immer erfolgreich einzubringen.

Ich war mit den Leistungen von Frau Fuchs voll und ganz zufrieden.

Sie war wegen ihres freundlichen und kollegialen Umgangs bei ihren Vorgesetzten und Kollegen gleichermaßen beliebt. Gegenüber den Patienten war sie ebenfalls jederzeit hilfsbereit und zuvorkommend.

Frau Fuchs hat das Beschäftigungsverhältnis fristgemäß auf eigenen Wunsch gelöst, um sich nach Ablauf des Erziehungsurlaubs ganz der Familie zu widmen.

Ich bedauere ihr Ausscheiden aus unserem Praxisbetrieb sehr und wünsche Frau Fuchs auf Ihrem weiteren Berufs- und Lebensweg alles Gute, viel Glück und Erfolg.

GRUNDWISSEN ARBEITSZEUGNISSE

▶ Durch die Technik des Weglassens können Arbeitgeber ihre Unzufriedenheit zum Ausdruck bringen: »… Herr/Frau XY war fleißig und ehrlich. Herr/Frau XY verfügt über ein bemerkenswertes Bildungsniveau, das ihn/sie stets zu einem interessanten Gesprächspartner machte. Die Kolleginnen und Kollegen schätzten ihn/sie insbesondere wegen seiner/ihrer mannigfachen Fähigkeiten und seines/ihres humorvollen Wesens …« Dies ist ein Faustschlag ins Gesicht. Die eigentlich nur als Trias zu verwendende Beschreibung Ehrlichkeit, Pünktlichkeit und Fleiß weist hier eine böse Lücke auf und signalisiert damit grobe Unpünktlichkeit, Unzuverlässigkeit. Der »interessante Gesprächspartner« bezeichnet Geschwätzigkeit, das »humorvolle Wesen« einen unangenehmen Witzbold.

In einer übergeordneten Position dürften Beschreibungskriterien wie die eben genannten überhaupt nicht auftauchen, weil sie schlicht beschreibungsunwürdig sind.

Die Arbeitgeberseite analysiert Ihr Arbeitszeugnis blitzschnell mit ein, zwei Blicken: nach Aufgaben, Verantwortungsbereich und Dauer der Mitarbeit, der Länge des Zeugnistextes, dem Unterzeichner, Ausstellungs- und Austrittsdatum, der Freundlichkeit der Zeilen und der Erklärung für die Beendigung des Arbeitsverhältnisses. Dann folgt vielleicht noch ein Blick auf die Leistungs- und Verhaltensbeurteilung.

Auch wenn kein Gericht den Arbeitgeber zwingen kann, die Beendigung des Arbeitsverhältnisses zu bedauern, wenigstens eine **Dankes-Zukunfts-Formel** sollte am Ende unbedingt enthalten sein. Denn gerade hier kommt die Wertschätzung vonseiten des Arbeitgebers deutlich zum Ausdruck. Diese Formel wird somit zu einem entscheidenden Weichensteller für die Gesamtinterpretation.

Eine äußerst positive Bedauerns-Dankes-Zukunfts-Formel »krönt« dieses Zeugnis. Die Formulierung ist sehr freundlich, und man nimmt dem Unterzeichner ein echtes Bedauern ab, obwohl nach »alles Gute« auch »... und viel Erfolg« stehen könnte. Schade nur, dass beide Sätze hintereinander mit »wir« anfangen.

Zeugnis

Herr Krause, geboren am 20. Dezember 1972, war bei uns in der Zeit vom 1. Mai 2005 bis 30. Juni 2010 als Schauwerbegestalter für unsere Dekorationsabteilung beschäftigt.

Zu seinen Aufgaben gehörten das selbstständige Erstellen der Schaufensterdekorationen sowie die Mitarbeit bei der Gestaltung der Warenpräsentation in den Verkaufsräumen. Dazu gehörte auch die Beschaffung der Materialien und die Kontrolle der Kosten. Bei unseren Sonderveranstaltungen war Herr Krause außerdem für den Entwurf und die Ausführung der Dekorationen zuständig.

Während seiner fünfjährigen Tätigkeit in unserem Hause zeigte Herr Krause eine schnelle Auffassungsgabe und großes Engagement. Die Liebe zu seinem Beruf kommt in seinen Arbeitsergebnissen zum Ausdruck, die stets sehr überzeugend waren, da er seine gestalterischen und organisatorischen Fähigkeiten erfolgreich in seine Arbeit einbrachte. Er arbeitete sehr fleißig, ordentlich und zuverlässig und verfügt über ein sehr gutes und solides Fachwissen.

Die ihm übertragenen Arbeiten erledigte Herr Krause stets zu unserer vollen Zufriedenheit.

Sein kollegiales Verhalten machte ihn bei Mitarbeitern und Vorgesetzten sehr beliebt.

Herr Krause verlässt uns zum 30. Juni 2010 auf eigenen Wunsch, da er ein Design-Studium beginnen möchte.

Wir danken für die stets gute Zusammenarbeit und bedauern sehr, Herrn Krause zu verlieren, haben aber Verständnis für seine Entscheidung. Wir wünschen ihm für seinen weiteren Berufs- und Lebensweg alles Gute.

FALLEN

Die 5 gefährlichsten Fallen beim Beurteilen eines Arbeitszeugnisses

Vorsicht Falle! Glauben Sie nicht, ...

- ein Arbeitszeugnis vermittle einen halbwegs objektiven Eindruck.
- Arbeitszeugnisse würden von dem für sie bestimmten Personenkreis schon richtig verstanden.
- ein schlechtes Arbeitszeugnis sei oftmals stark gefärbt durch Animositäten oder Schlimmeres.
- ein gutes Arbeitszeugnis sei häufig geschönt.
- in jeder Branche herrschten die gleichen Stil- und Sprachregelungen für ein Arbeitszeugnis.

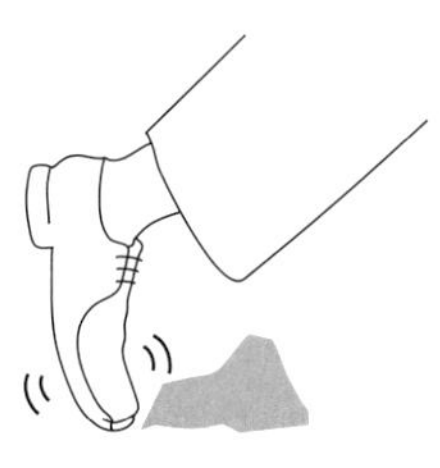

Das **Ausstellungsdatum** am Ende des Zeugnisses signalisiert, mit welchem zeitlichen Abstand zum Trennungsdatum das Arbeitszeugnis geschrieben wurde. Optimalerweise sollten Ausstellungs- und Austrittsdatum übereinstimmen. Eine zeitliche Diskrepanz wird immer als ein Hinweis für Schwierigkeiten bei der Beendigung des Arbeitsverhältnisses interpretiert.

Zum Schluss folgt die **Unterschrift** des Ausstellers. Je höher der Unterzeichnende in der Unternehmenshierarchie steht, desto wertvoller wird das Zeugnis für den Beurteilten (wenn es gut ausfällt), aber natürlich auch für den Leser.

In Sachen Ausstellungsdatum ist hier alles in bester Ordnung. Austritts- und Ausstellungstag sind identisch. Als Praxisinhaber kann hier nur einer unterschreiben – Dr. Ralf Petersen, der Chef von Frau Fuchs.

Übrigens: Es ist wichtig, dass der Name maschinengeschrieben wiederholt wird und dadurch gut lesbar ist.

Zeugnis

Frau Brigitte Fuchs, geboren am 12.01.1964 in Wolfsburg, war vom 01.10.2007 bis zum 31.08.2010 in meiner Praxis als Zahnarzthelferin tätig.

Zu ihren Aufgaben gehörten folgende Tätigkeiten:

- Assistenz am Behandlungsstuhl
- Telefondienst
- Erstellung und Abrechnung von Heil- und Kostenplänen
- Quartalsabrechnung für die Krankenkassen
- Erstellung von Privatliquidationen
- Empfang und Betreuung der Patienten
- Führung des Patiententerminbuches

In den knapp zwei Jahren ihrer Tätigkeit habe ich Frau Fuchs als eine sehr ehrliche und stets pünktliche Mitarbeiterin kennen und schätzen gelernt. Sie führte ihre Arbeiten stets mit großem Engagement, Fleiß und unbedingter Zuverlässigkeit aus. Ferner erledigte sie ihre Arbeiten auch sehr ordentlich, zügig und gewissenhaft und wusste ihr Fachwissen immer erfolgreich einzubringen.

Ich war mit den Leistungen von Frau Fuchs voll und ganz zufrieden.

Sie war wegen ihres freundlichen und kollegialen Umgangs bei ihren Vorgesetzten und Kollegen gleichermaßen beliebt. Gegenüber den Patienten war sie ebenfalls jederzeit hilfsbereit und zuvorkommend.

Frau Fuchs hat das Beschäftigungsverhältnis fristgemäß auf eigenen Wunsch gelöst, um sich nach Ablauf des Erziehungsurlaubs ganz der Familie zu widmen.

Ich bedauere ihr Ausscheiden aus unserem Praxisbetrieb sehr und wünsche Frau Fuchs auf Ihrem weiteren Berufs- und Lebensweg alles Gute, viel Glück und Erfolg.

Wolfsburg, 31. August 2010

Dr. Ralf Petersen

Nicht jeder Arbeitgeber erstellt automatisch mit dem Weggang eines Mitarbeiters ein Arbeitszeugnis. Und viele Arbeitnehmer drängen nicht darauf – vielleicht weil sie schon eine neue Stelle gefunden haben. Machen Sie nicht diesen Fehler, denn eine Datumsdiskrepanz zwischen dem Ausscheiden aus dem Unternehmen und dem **Ausstellungsdatum** des Zeugnisses wird in der Regel als Hinweis auf Schwierigkeiten interpretiert (s. S. 23).

Der Zeugnisaussteller muss – wie erwähnt – deutlich ranghöher sein als der Beurteilte, am besten sollte der Firmen- bzw. Praxisinhaber, sein Vertreter oder bei größeren Unternehmen sowohl der Personalchef als auch ggf. der Fachvorgesetzte unterzeichnen. Bei leitenden Angestellten muss ein Mitglied der Geschäftsleitung unterschreiben, da man andernfalls eine Missbilligung vermuten könnte.

Auch wenn es richtig ist und das Zeugnis tatsächlich einige Tage nach dem Weggang von Herrn Krause geschrieben wurde, sollte es doch – um einen falschen Eindruck zu vermeiden – auf das Austrittsdatum zurückdatiert werden.

Zum Schluss schleichen sich noch zwei Formfehler ein: Ferdinand Berger hat unterschrieben. Der Leser kann dem Zeugnis weder Kompetenz noch Rang des Unterzeichners entnehmen. Weiterer Verbesserungsvorschlag: Der Name sollte nicht von Spiegelstrichen eingerahmt werden.

Zeugnis

Herr Krause, geboren am 20. Dezember 1972, war bei uns in der Zeit vom 1. Mai 2005 bis 30. Juni 2010 als Schauwerbegestalter für unsere Dekorationsabteilung beschäftigt.

Zu seinen Aufgaben gehörten das selbstständige Erstellen der Schaufensterdekorationen sowie die Mitarbeit bei der Gestaltung der Warenpräsentation in den Verkaufsräumen. Dazu gehörte auch die Beschaffung der Materialien und die Kontrolle der Kosten. Bei unseren Sonderveranstaltungen war Herr Krause außerdem für den Entwurf und die Ausführung der Dekorationen zuständig.

Während seiner fünfjährigen Tätigkeit in unserem Hause zeigte Herr Krause eine schnelle Auffassungsgabe und großes Engagement. Die Liebe zu seinem Beruf kommt in seinen Arbeitsergebnissen zum Ausdruck, die stets sehr überzeugend waren, da er seine gestalterischen und organisatorischen Fähigkeiten erfolgreich in seine Arbeit einbrachte. Er arbeitete sehr fleißig, ordentlich und zuverlässig und verfügt über ein sehr gutes und solides Fachwissen.

Die ihm übertragenen Arbeiten erledigte Herr Krause stets zu unserer vollen Zufriedenheit.

Sein kollegiales Verhalten machte ihn bei Mitarbeitern und Vorgesetzten sehr beliebt.

Herr Krause verlässt uns zum 30. Juni 2010 auf eigenen Wunsch, da er ein Design-Studium beginnen möchte.

Wir danken für die stets gute Zusammenarbeit und bedauern sehr, Herrn Krause zu verlieren, haben aber Verständnis für seine Entscheidung. Wir wünschen ihm für seinen weiteren Berufs- und Lebensweg alles Gute.

Münster, 18. Juli 2010

- Ferdinand Berger -

Jetzt noch einmal im Überblick die beiden vollständigen Zeugnisse und die jeweils verbesserte Version:

DR. RALF PETERSEN

Zahnarzt

Zeugnis

Frau Brigitte Fuchs, geboren am 12.01.1964 in Wolfsburg, war vom 01.10.2007 bis zum 31.08.2010 in meiner Praxis als Zahnarzthelferin tätig.

Zu ihren Aufgaben gehörten folgende Tätigkeiten:

- Assistenz am Behandlungsstuhl
- Telefondienst
- Erstellung und Abrechnung von Heil- und Kostenplänen
- Quartalsabrechnung für die Krankenkassen
- Erstellung von Privatliquidationen
- Empfang und Betreuung der Patienten
- Führung des Patiententerminbuches

In den knapp zwei Jahren ihrer Tätigkeit habe ich Frau Fuchs als eine sehr ehrliche und stets pünktliche Mitarbeiterin kennen und schätzen gelernt. Sie führte ihre Arbeiten stets mit großem Engagement, Fleiß und unbedingter Zuverlässigkeit aus. Ferner erledigte sie ihre Arbeiten auch sehr ordentlich, zügig und gewissenhaft und wusste ihr Fachwissen immer erfolgreich einzubringen.

Ich war mit den Leistungen von Frau Fuchs voll und ganz zufrieden.

Sie war wegen ihres freundlichen und kollegialen Umgangs bei ihren Vorgesetzten und Kollegen gleichermaßen beliebt. Gegenüber den Patienten war sie ebenfalls jederzeit hilfsbereit und zuvorkommend.

Frau Fuchs hat das Beschäftigungsverhältnis fristgemäß auf eigenen Wunsch gelöst, um sich nach Ablauf des Erziehungsurlaubs ganz der Familie zu widmen.
Ich bedauere ihr Ausscheiden aus unserem Praxisbetrieb sehr und wünsche Frau Fuchs auf Ihrem weiteren Berufs- und Lebensweg alles Gute, viel Glück und Erfolg.

Wolfsburg, 31. August 2010

Dr. Ralf Petersen

Dr. Ralf Petersen
Südring 211
338442 Wolfsburg
Tel./Fax: 05361 7754354

Bankverbindung
Dt. Apotheker-Ärztebank
BLZ 100 90 60
Kto.-Nr.: 88 766 654

Zeugnis von Brigitte Fuchs, Achtung: 1., schlechte Version

DR. RALF PETERSEN

Zahnarzt

Zeugnis

Frau Brigitte Fuchs, geboren am 12.01.1964 in Wolfsburg, war vom 01.10.2007 bis zum 31.08.2010 in meiner Praxis als Zahnarzthelferin tätig.

Zu ihren Aufgaben gehörten folgende Tätigkeiten:

- Assistenz am Behandlungsstuhl
- Erstellung und Abrechnung von Heil- und Kostenplänen
- Quartalsabrechnung für die Krankenkassen
- Erstellung von Privatliquidationen
- Empfang und Betreuung der Patienten
- Führung des Patiententerminbuches

Darüber hinaus hat Frau Fuchs in eigener Initiative neben dem Beruf mit hohem zeitlichem Engagement und sehr gutem Ergebnis Fortbildungen im Bereich Praxis-EDV und Laserbehandlungen besucht.

Wir haben Frau Fuchs als eine sehr ehrliche und jederzeit pünktliche Mitarbeiterin kennen und schätzen gelernt. Sie führte ihre Arbeiten stets mit großem Engagement, Fleiß und unbedingter Zuverlässigkeit aus. Ferner erledigte sie ihre Arbeiten sehr ordentlich, zügig und gewissenhaft und wusste ihr Fachwissen immer erfolgreich einzubringen.

Ich war mit den Leistungen von Frau Fuchs voll und ganz zufrieden.

Wegen ihres stets freundlichen und kollegialen Umgangs wurde Frau Fuchs von ihren Vorgesetzten und den Kollegen anerkannt und geschätzt. Gegenüber den Patienten war sie ebenfalls jederzeit hilfsbereit und zuvorkommend.

Frau Fuchs hat das Beschäftigungsverhältnis fristgemäß auf eigenen Wunsch gelöst, um sich nach Ablauf des Erziehungsurlaubs ganz der Familie zu widmen.
Ich bedauere ihr Ausscheiden aus unserem Praxisbetrieb sehr, danke Frau Fuchs und wünsche ihr auf ihrem weiteren Berufs- und Lebensweg alles Gute, viel Glück und Erfolg.

Wolfsburg, 31. August 2010

Dr. Ralf Petersen

Dr. Ralf Petersen
Südring 211
338442 Wolfsburg
Tel./Fax: 05361 7754354

Bankverbindung
Dt. Apotheker-Ärztebank
BLZ 100 90 60
Kto.-Nr.: 88 766 654

Zeugnis von Brigitte Fuchs, 2., verbesserte Version

Modehaus Frenzen & Söhne

Endzeugnis

Herr Krause, geboren am 20. Dezember 1972, war bei uns in der Zeit vom 1. Mai 2005 bis 30. Juni 2010 als Schauwerbegestalter für unsere Dekorationsabteilung beschäftigt.

Zu seinen Aufgaben gehörten das selbstständige Erstellen der Schaufensterdekorationen sowie die Mitarbeit bei der Gestaltung der Warenpräsentation in den Verkaufsräumen. Dazu gehörte auch die Beschaffung der Materialien und die Kontrolle der Kosten. Bei unseren Sonderveranstaltungen war Herr Krause außerdem für den Entwurf und die Ausführung der Dekorationen zuständig.

Während seiner fünfjährigen Tätigkeit in unserem Hause zeigte Herr Krause eine schnelle Auffassungsgabe und großes Engagement. Die Liebe zu seinem Beruf kommt in seinen Arbeitsergebnissen zum Ausdruck, die stets sehr überzeugend waren, da er seine gestalterischen und organisatorischen Fähigkeiten erfolgreich in seine Arbeit einbrachte. Er arbeitete sehr fleißig, ordentlich und zuverlässig und verfügt über ein sehr gutes und solides Fachwissen.

Die ihm übertragenen Arbeiten erledigte Herr Krause stets zu unserer vollen Zufriedenheit. Sein kollegiales Verhalten machte ihn bei Mitarbeitern und Vorgesetzten sehr beliebt.

Herr Krause verlässt uns zum 30. Juni 2010 auf eigenen Wunsch, da er ein Design-Studium beginnen möchte.

Wir danken für die stets gute Zusammenarbeit und bedauern sehr, Herrn Krause zu verlieren, haben aber Verständnis für seine Entscheidung. Wir wünschen ihm für seinen weiteren Berufs- und Lebensweg alles Gute.

Münster, 18. Juli 2010

Ferdinand Berger

– Ferdinand Berger –

MODEHAUS FRENZEN & SÖHNE • ALKUINSTRASSE 3 • 48155 MÜNSTER • TELEFON 0251 3456787
STÄDTISCHE SPARKASSE MÜNSTER • KTO.-NR. 87 654 332 • BLZ 100 20 22

Zeugnis von Wolfgang Krause, Achtung: 1., schlechte Version

Modehaus Frenzen & Söhne

Zeugnis

Herr Wolfgang Krause, geboren am 20. Dezember 1972, war bei uns in der Zeit vom 1. Mai 2005 bis 30. Juni 2010 als Schauwerbegestalter für unsere Dekorationsabteilung beschäftigt.

Zu seinen Aufgaben gehörten das selbstständige Erstellen der Schaufensterdekorationen sowie die Mitarbeit bei der Gestaltung der Warenpräsentation in den Verkaufsräumen. Dazu zählten auch die Beschaffung der Materialien und die Kontrolle der Deko-Kosten. Bei unseren Sonderveranstaltungen war Herr Krause außerdem für den Entwurf und die Ausführung der Dekorationen zuständig.

Während seiner fünfjährigen Tätigkeit in unserem Hause zeigte Herr Krause immer eine schnelle Auffassungsgabe und großes Engagement. Die Liebe zu seinem Beruf kommt in seinen Arbeitsergebnissen zum Ausdruck, die stets sehr überzeugend waren, da er seine gestalterischen und organisatorischen Fähigkeiten erfolgreich in seinen Verantwortungsbereich einbrachte. Er arbeitete sehr fleißig, ordentlich und zuverlässig und verfügt über ein sehr gutes und solides Fachwissen.

Die ihm übertragenen Arbeiten erledigte Herr Krause stets zu unserer vollen Zufriedenheit.

Die Führung von Herrn Krause war jederzeit vorbildlich. Sein stets höfliches und kollegiales Verhalten machte ihn bei Vorgesetzten und Mitarbeitern sehr beliebt.

Herr Krause verlässt uns zum 30. Juni 2010 auf eigenen Wunsch, da er ein Design-Studium beginnen möchte.

Wir danken für die stets gute Zusammenarbeit und bedauern sehr, Herrn Krause zu verlieren, haben aber Verständnis für seine Entscheidung. Für seinen weiteren Berufs- und Lebensweg wünschen wir ihm alles Gute und viel Erfolg.

Münster, 30. Juni 2010

Ferdinand Berger
Geschäftsführer

MODEHAUS FRENZEN & SÖHNE • ALKUINSTRASSE 3 • 48155 MÜNSTER • TELEFON 0251 3456787
STÄDTISCHE SPARKASSE MÜNSTER • KTO.-NR. 87 654 332 • BLZ 100 20 22

Zeugnis von Wolfgang Krause, 2., verbesserte Version

Im Folgenden möchten wir Ihnen das kommentierte Zeugnis von Rainer Tete präsentieren. Er hat als Verkaufsleiter und stellvertretender Geschäftsführer in einem Hotel in Füssen gearbeitet.

Überschrift und Einleitung sind korrekt.

Die Positions-, Aufgaben- und Tätigkeitsbeschreibung ist angemessen detailliert.

Ebenso die Leistungsbeurteilung: Wachsende Aufgabenbereiche, Verantwortungszuwachs und berufliche Erfolge sowie die selbst initiierte Fortbildung werden deutlich hervorgehoben (»ausgeprägtes wirtschaftliches Denken«, »schon nach kurzer Einarbeitung«, »präzise Arbeitsweise« etc.).

Einziger Wermutstropfen: die auffallende und störende Formulierung »Gerne bestätigen wir ...«. Das klingt so, als wäre man im Unternehmen von selbst nicht darauf gekommen, die Zufriedenheit zu erwähnen, und musste erst vom Beurteilten darum gebeten werden, dieses nachzutragen.

Zeugnis

Herr Rainer Tete, geboren am 16.10.1965 in Berlin, war vom 01.08. 2003 bis zum 31.03.2010 als

Verkaufsleiter / stellvertretender Geschäftsführer

in unserer Betriebsgesellschaft, dem Hotel Adler in Füssen, beschäftigt.

Während der Pre-Opening-Phase und bei der Markteinführung unseres dritten Hauses war Herr Tete in Zusammenarbeit mit den Gesellschaftern federführend mit der Gestaltung unserer geschäftspolitischen Richtlinien (Budgets) betraut. Dazu gehörten auch die Organisation unseres Betriebsablaufes sowie die Einstellung, Schulung und Kontrolle von ca. 150 Mitarbeitern.

In seiner Eigenschaft als Verkaufsleiter war Herr Tete für die Planung und Durchführung von Verkaufs- und Werbeaktionen auf dem deutschen und internationalen Markt sowie für die Auslastung unseres Hotelbetriebes eigenverantwortlich tätig. Darüber hinaus gehörte es zu seinen Pflichten, unsere Gesellschaft gegenüber Gästen und Geschäftspartnern in Vertretung der Gesellschafter zu repräsentieren. Dabei zeigte er mit Erfolg ein ausgeprägtes wirtschaftliches Denken und Handeln.

Ab dem 01.01.2005 wurde Herr Tete zusätzlich mit dem Aufbau einer Tagungs- und Bankettabteilung in unserer Gesellschaft beauftragt. Gerne bestätigen wir, mit den Leistungen von Herrn Tete stets sehr zufrieden gewesen zu sein. Schon nach kurzer Einarbeitung zeigte er hohes Können und überdurchschnittlichen Einsatz. Des Weiteren zeichnete er sich besonders durch präzise Arbeitsweise, ausgeprägtes Organisationstalent und außerordentliches Verhandlungsgeschick aus.

1. Seite des Arbeitszeugnisses von Rainer Tete

MERKBLOCK

Der Profi liest von unten nach oben

Zuerst:
- Wer hat unterschrieben?
- Ausstellungs- und Austrittsdatum

Blick nach oben und unten:
- Verweildauer im Unternehmen
- Umfang des Arbeitszeugnisses
- Verantwortung, Funktion, Aufgaben

Und schließlich:
- Zukunftswünsche
- Bedauerns-Dankes-Formel und Grund des Ausscheidens
- Verhaltens- und Leistungsbeurteilung

Die Verhaltensbeurteilung nennt in der angemessenen Ausführlichkeit seine Stärken und in der entscheidenden Reihenfolge Vorgesetzte, Mitarbeiter und Gäste.

In diesem Abschnitt wird die für eine Führungskraft unabdingbare Führungskompetenz gut betont.

Die Bedauerns-Dankes-Zukunfts-Formel sowie die Unterschrift entsprechen der guten Norm. Position und Kompetenz des Unterzeichners sind benannt.

Fazit: Formal und inhaltlich ist das Zeugnis gut und entspricht der Note 2. Die Ausführlichkeit und Wertschätzung sind zu loben. Ein gutes, vielleicht sogar besseres Zeugnis, wenn die eine beanstandete Floskel nicht wäre.

Dabei ist positiv anzumerken, dass Herr Tete auch auf seine eigene Initiative hin stets die von der Hotel- und Gaststättenakademie angebotenen Fortbildungsveranstaltungen besuchte.

In Herrn Tete haben wir einen äußerst vertrauenswürdigen und in jeder Hinsicht zuverlässigen Mitarbeiter kennengelernt, dessen Verhalten gegenüber Vorgesetzten, Mitarbeitern und Gästen stets einwandfrei war.

Durch seine fundierte Kompetenz und sichere Urteilskraft vermochte sich Herr Tete auch in schwierigen Situationen gut zu behaupten und zeigte sich auch unter Belastungen immer souverän.
Seine guten Führungsqualitäten erleichterten ihm dabei seine Aufgabe, die ihm unterstellten Mitarbeiter zu motivieren und zu guten eigenverantwortlichen Leistungen zu führen.

Wir bedauern das Ausscheiden von Herrn Tete aus unserem Unternehmen, das er auf eigenen Wunsch verlässt. Mit dem Dank für die erfolgreiche Zusammenarbeit verbinden wir unsere guten Wünsche für seinen weiteren Lebens- und Berufsweg.

Füssen, 31.03.2010

BETRIEBSGESELLSCHAFT HOTEL ADLER GMBH

Dr. Dieter Fitz

Dr. Dieter Fitz
Geschäftsführender Hauptgesellschafter

2. Seite des Arbeitszeugnisses von Rainer Tete

Auf den nächsten Seiten folgt das Arbeitszeugnis eines Verkaufssachbearbeiters in einer Vorher- und einer Nachher-Version. Sehen und beurteilen Sie selbst den Unterschied:

ABC BAUTEILE GMBH

Kafkaweg 23 | 55128 Mainz | Tel.: 06131 338799

Zeugnis

Herr Bernd Müller, geb. am 03.02.1967, wohnhaft in der Nabelstr. 29 in 55203 Zahlendorf 3, trat am 01.02.2007 als kaufmännischer Angestellter in unser Unternehmen ein.

Aufgrund seiner guten Auffassungsgabe konnte die Einarbeitung in seinen Aufgabenbereich als Verkaufssachbearbeiter schnell und problemlos erfolgen.

Zu den wesentlichen Tätigkeiten in seinem Arbeitsbereich gehörten der telefonische Kontakt zu unserer Kundschaft, die Bearbeitung der eingehenden Interessentenanfragen, das Erstellen von Angeboten auf der Grundlage unserer Rahmenkonditionen, die Auftragsannahme und -bearbeitung sowie die Kartei- und Kassenführung, die Ablage und allgemeine Büroarbeiten.

Wir können Herrn Müller gerne bestätigen, dass er über gute Fachkenntnisse verfügt, die er in seiner täglich anfallenden Arbeit geschickt einzusetzen weiß. Stets erledigte er alle ihm übertragenen Aufgaben zu unserer vollsten Zufriedenheit. Besonders betonen möchten wir seine enorme Einsatzbereitschaft und absolute Loyalität gegenüber unserem Unternehmen. Durch seine gerade, aufrichtige Art war er bei seinen Vorgesetzten und Kollegen gleichermaßen beliebt wie auch geschätzt.

Herr Müller ist zum 31.03.2010 auf eigenen Wunsch aus unserem Unternehmen ausgeschieden, um sich einer weiterführenden Aufgabe zu widmen. Wir respektieren seine Entscheidung, danken für die geleistete Arbeit und wünschen ihm für seine private wie auch berufliche Zukunft alles Gute.

Zahlendorf, 15. April 2010

ABC Bauteile GmbH

Meier Lerche

ABC Bauteile GmbH | Commerzbank AG Mainz | Kto.-Nr. 444 654 438 | BLZ 100 550 00

Zeugnis von Bernd Müller, 1., schlechte Version (Kommentar auf Seite 36)

ABC BAUTEILE GMBH

Kafkaweg 23 | 55128 Mainz | Tel.: 06131 338799

Zeugnis

Herr Bernd Müller, geb. am 03.02.1967 in Berlin, trat am 01.02.2007 als kaufmännischer Angestellter in unser Unternehmen ein.

Aufgrund seiner guten Auffassungsgabe konnte die Einarbeitung in seinen Aufgabenbereich als Verkaufssachbearbeiter schnell und problemlos erfolgen. Schon sehr bald arbeitete er vollkommen selbstständig.

Zu den wesentlichen Tätigkeiten in seinem Arbeitsbereich gehörten der telefonische Verkauf und die Kontaktpflege zu unserer Kundschaft, die selbstständige Bearbeitung der eingehenden Interessentenanfragen, das Erstellen von Angeboten auf der Grundlage unserer Rahmenkonditionen, die Auftragsannahme und -bearbeitung sowie die Kartei- und Kassenführung, die Ablage und sonstige allgemeine Büroarbeiten.

Herr Müller verfügt über gute Fachkenntnisse, die er in seiner täglich anfallenden Arbeit sicher und effizient einsetzte. Stets erledigte er alle ihm übertragenen Aufgaben zu unserer vollsten Zufriedenheit.

Besonders zu betonen sind seine hohe Einsatzbereitschaft sowie seine Loyalität gegenüber unserem Unternehmen. Durch seine freundliche, kooperative Wesensart war er stets bei seinen Vorgesetzten und Kollegen gleichermaßen beliebt wie geschätzt. Auch gegenüber unseren Kunden war sein Verhalten jederzeit vorbildlich.

Herr Müller ist zum 31.03.2010 auf eigenen Wunsch aus unserem Unternehmen ausgeschieden, um sich einer weiterführenden Aufgabe zu widmen. Wir respektieren seine Entscheidung, danken für die geleistete Arbeit und wünschen ihm für seine berufliche wie auch private Zukunft alles Gute und viel Erfolg.

Zahlendorf, 1. April 2010

ABC Bauteile GmbH

Meier
Personalleitung

Lerche
Abteilungsleiter

ABC Bauteile GmbH | Commerzbank AG Mainz | Kto.-Nr. 444 654 438 | BLZ 100 550 00

Zeugnis von Bernd Müller, 2., überarbeitete Version (Kommentar auf Seite 36)

Kommentar zur 1. Zeugnis-Version von Bernd Müller

Formal wirkt das Arbeitszeugnis zunächst noch recht unauffällig. Wir prüfen schnell Ende und Anfang. Zunächst aber: Die Länge des Zeugnisses ist für etwa drei Jahre Betriebszugehörigkeit in Ordnung.

Jedoch sind die Kompetenz und der Rang des Unterzeichnenden leider nicht zu identifizieren. Das Ausstellungsdatum ist zudem auffällig (Monatsmitte), denn eigentliches Vertragsende war der 31.3.

Der Ausscheidensgrund erscheint glaubhaft, der Dank für geleistete Arbeit stellt ein Extralob dar und steht im Kontrast zu den genannten Auffälligkeiten. Heutzutage im Arbeitszeugnis noch die Adresse des Arbeitnehmers anzugeben, ist unzulässig und absolut unprofessionell, wenn auch kein wirkliches Desaster.

Die Aufzählung der Tätigkeiten ist etwas nebulös, ebenso wie die Formulierungen »können wir bestätigen ...« und »Fachkenntnisse geschickt einzusetzen wissen«. Das entwertet die »stets ... vollste Zufriedenheit«, und auch bei der Beschreibung von Charakter und Verhalten (Fachausdruck: Führung) tut man Herrn Müller mit diesen Formulierungen nicht viel Gutes. Zum Teil wird übertrieben ironisch formuliert, manches Lob klingt nicht so, als ob es freiwillig mit gutem Gewissen gegeben wird.

Selbst die Abschlussformel ist leider nicht korrekt, da hier zuerst die private statt der beruflichen Zukunft aufgeführt wird. Und lediglich gute Wünsche sind auch ein bisschen wenig.

Fazit: Der Aussagewert ist für den so Beurteilten zweifelhaft. Dieses Zeugnis sollte zurückgegeben und überarbeitet werden. Einschätzung: wenig hilfreich für den Empfänger und somit kaum noch ausreichend.

Kommentar zur 2., überarbeiteten Version

Zwei ausgewiesene Unterzeichner sind in ihrer Personalverantwortung eindeutig zu identifizieren und werten das Zeugnis auf. Das Testat der schnellen Einarbeitung wird zusätzlich positiv herausgestellt durch den neu eingefügten Satz (»schon sehr bald arbeitete er vollkommen selbstständig«).

Auch die Aufgabenbeschreibung wirkt jetzt viel gewichtiger. Auf die sorgfältige Formulierung kommt es hier an.

Jetzt sind die zweideutigen, missverständlichen Passagen (»können wir bestätigen ...«) beseitigt und in klaren Sätzen werden Fachkompe-

MERKBLOCK

Aufbau eines Arbeitszeugnisses

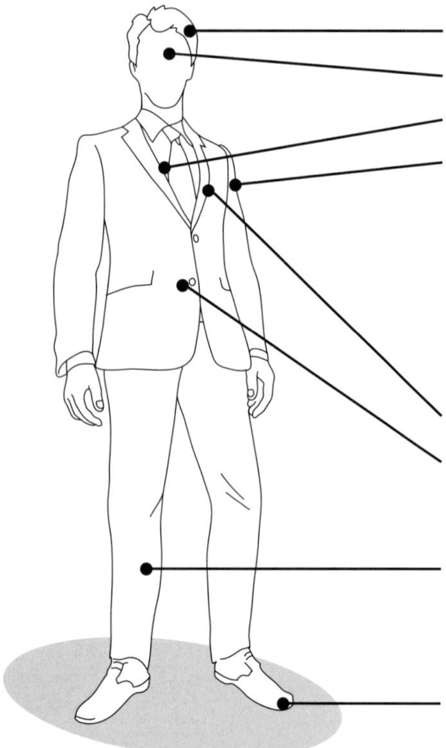

Überschrift (= Haare)

Einleitung (= Kopf), Angaben zu Person, Beruf und Beschäftigungsdauer

Positions-, Aufgabenbeschreibung (= Körper / die wichtigsten inneren Organe)

Leistungsbeurteilung (= Arme und Hände)
- Arbeitsbereitschaft: Identifikation, Engagement, Initiative
- Arbeitsbefähigung: Belastbarkeit, Denk-, Urteilsvermögen
- Arbeitsweise: Selbstständigkeit, Zuverlässigkeit, Sorgfalt
- Arbeitserfolg: Qualität, Quantität, Tempo, Verwertbarkeit
- ggf. besondere Arbeitserfolge
- ggf. Fachwissen/Weiterbildungsmotivation
- ggf. Führungsfähigkeiten gegenüber Mitarbeitern

Gesamtzufriedenheitsaussage (= Herz)

Verhaltensbeurteilung (= Bauch)
- Verhalten gegenüber Vorgesetzten/Kollegen/Dritten (z. B. Klienten)
- weitere persönliche und soziale Verhaltensaspekte

Abschluss (= Beine und damit das Standing)
- Gründe für die Beendigung des Arbeitsverhältnisses
- Bedauerns-Dankes-Zukunfts-Formel
- Ausstellungsort, -datum

Unterschrift(en) (= Füße)

tenz und effizienter Arbeitsstil bescheinigt, sodass die stets vollste Zufriedenheit glaubhaft und gewichtig vermittelt wird. Dies trifft ebenso für seine Verhaltensbeurteilung zu und setzt sich fort bis an den Zeugnisschluss, der hier korrekt getextet ist und rund klingt.

Fazit: Nach der Überarbeitung handelt es sich um ein gutes, fast schon sehr gutes Zeugnis.

Die nächsten beiden Seiten zeigen wieder zwei Versionen eines Arbeitszeugnisses. Versuchen Sie, zunächst die Unterschiede zu erkennen und zu bewerten, bevor Sie den Kommentar lesen.

Kommentar zur 1. Zeugnis-Version von Barbara Igel

Eine auffällig kurze Verweildauer (zehn Monate) rechtfertigt auch ein relativ kurzes Zeugnis. Aber der erste formale Eindruck ist bereits dadurch geprägt und nicht zum Besten.

Erfreulich: Der Unterzeichner wird in seiner Kompetenz glaubhaft und klar ausgewiesen; nicht so der Kündigungsgrund, der geradezu instinktiv Unangenehmes ahnen lässt. Der letzte Satz ist zu kurz und knapp. Zwar kann man sich die inhaltlich spärliche Ausgestaltung noch gut durch die zeitlich stark begrenzte Mitarbeit erklären, alles Wesentliche ist scheinbar enthalten und wird noch recht positiv zur Darstellung gebracht. Trotzdem ahnt man schon, dass hier etwas nicht stimmen kann.

Spätestens beim etwas intensiveren Lesen fällt auf, dass die Reihenfolge der Personengruppen in der Verhaltensbeurteilung nicht korrekt gewählt wurde. Nach den Vorgesetzten kommen die Mitarbeiter und nicht wie üblich die Kollegen. Da gab es also Schwierigkeiten, lautet die korrekte Interpretation einer solchen Abfolge, und man denkt an Kollegen-Mobbing.

Leider hilft auch nicht die gute Gesamtbeurteilung, die bei so kurzer Verweildauer (weniger als 12 bis 15 Monate) und/oder Text (knappe halbe Seite) immer schnell an Aussagewert verliert und hier praktisch ohne Bedeutung bleibt, ja das Ganze nur noch ärmlicher aussehen lässt. So ein Zeugnis ist eine Katastrophe für den Beurteilten.

Fazit: Kein ordentliches Zeugnis, sondern Anlass zur Sorge, wenn ein Anruf beim ehemaligen Arbeitgeber den Sachverhalt, der hier zwischen den Zeilen vermittelt wird, auch noch bestätigt. Der erfahrene Personalentscheider wird schon aufgrund der gewählten Formulierungen eher Abstand von einem solchen Anruf nehmen und wohl auch nicht zum Vorstellungsgespräch einladen. Einschätzung: sehr, sehr unbefriedigend.

PRAXISBEISPIEL

Ehrlich währt manchmal eben doch am längsten – neue Arbeit, aber schlechtes Gewissen

Nachdem ich über ein Jahr arbeitslos war und in Kürze Hartz IV hätte beantragen müssen, schrieb ich meine letzten drei Arbeitszeugnisse, die nicht sonderlich enthusiastisch ausgefallen waren, kurzerhand um. So avancierte ich zu einem recht interessanten, ja überaus potenten Kandidaten. Okay, das macht man nicht, aber ich befand mich in einer absoluten Notlage. Gleich darauf ließ ich auch noch meinen Lebenslauf professionell tunen und siehe da: Statt auf 30 Aussendungen meiner Unterlagen wie gewöhnlich nur ein telefonisches Vorinterview und in ganz seltenen Fällen auch mal eine Einladung zu bekommen, folgten jetzt auf drei verschickte Bewerbungsmappen gleich zwei Einladungen. Dabei hatte sich die Wirtschaftslage in den letzten zwei Monaten um keinen Deut verbessert. Ich ging gut vorbereitet zum Vorstellungsgespräch und, was soll ich sagen, man entschied sich für mich. Ich hatte gewonnen, endlich wieder Arbeit. In der Nacht vor dem ersten Arbeitstag konnte ich kaum schlafen. Nicht vor Aufregung, sondern wegen der Gewissensbisse. Ich quälte mich, malte mir aus, was passieren würde, wenn … Um es kurz zu machen, nach knapp einem Monat kündigte ich selbst. Ich konnte mit dem inneren Druck nicht umgehen und entschied, besser hier abzubrechen als einzubrechen …

Kommentar zur 2., überarbeiteten Version

Wenige Änderungen beweisen: So geht es viel besser, so kann man aus einer Beurteilungs-Katastrophe zwar kein glänzendes »Goldstück« machen, aber mit diesem überarbeiteten Zeugnis besteht doch wenigstens die Chance, zum Vorstellungsgespräch eingeladen zu werden.

Neben dem Weglassen des Telefondienstes sind es vor allem die letzten beiden Absätze, die etwas verändert worden sind. Sie transportieren dafür jetzt eine (auf den ersten Blick) nicht mehr so furchtbare Botschaft. Dass lediglich ein Geschäftsführer unterschreibt, ist ohne Bedeutung.

Nächste Aufgabe ab Seite 40:

Sie haben zwei Zeugnisversionen einer Bibliothekarin vor sich. Für welche würden Sie sich entscheiden, wenn Sie Frau Seidel beraten müssten und für sie das beste Arbeitszeugnis wollten? Nur ein Zeugnis ist sehr gut, wissen Sie, welches?

UNOXINA

Arbeitszeugnis

Frau Barbara Igel, geboren am 23. November 1963, war bei uns vom 1. März 2009 bis zum 31. Dezember 2009 als Sachbearbeiterin für den Einkauf tätig.

Frau Igel hat sich recht schnell eingearbeitet. Zu ihrem Aufgabengebiet gehörten u. a. der Telefondienst, die laufende Bestellung von Handelswaren sowie die Kontrolle der Warenlieferungen und die Rechnungskontrolle. Die Bestellerfassung und das Verbuchen der eingehenden Warenlieferungen erfolgte mittels EDV. Außerdem war Frau Igel für die Überwachung der Lagerbestände, für die Pflege der Artikelstammdaten sowie für die Aktualisierung unserer Preisliste zuständig. Zusätzlich übernahm sie auch die Führung des Portobuches.

Die zu ihrem Aufgabengebiet gehörenden Tätigkeiten hat Frau Igel immer selbstständig und zu unserer vollen Zufriedenheit ausgeführt.

Ihr Verhalten gegenüber Vorgesetzten, Mitarbeitern und Kollegen war jederzeit einwandfrei.

In wechselseitigem Einvernehmen mussten wir das Arbeitsverhältnis mit Frau Igel zum 31. Dezember 2009 auflösen.

Wir wünschen Frau Igel alles Gute.

Hannover, 05.01.2010

UNOXINA-GMBH

Peter Hein
Geschäftsführer

UNOXINA GmbH
30449 Hannover
Kirchstraße 12
Tel.: 0511 2076566

Geschäftsführer:
Peter Hein, Franz Müller

Volksbank Hannover
Konto-Nr. 764 457 697
BLZ 255 550 00

Zeugnis von Barbara Igel, 1., schlechte Version (Kommentar auf Seite 37)

UNOXINA

Arbeitszeugnis

Frau Barbara Igel, geboren am 23. November 1963, war bei uns vom 1. März 2009 bis zum 31. Dezember 2009 als Sachbearbeiterin für den Einkauf tätig.

Frau Igel hat sich schnell eingearbeitet. Zu ihrem Aufgabengebiet gehörten die laufende Bestellung von Handelswaren sowie die Kontrolle der Warenlieferungen und die Rechnungskontrolle. Die Bestellerfassung und das Verbuchen der eingehenden Warenlieferungen erfolgte mittels EDV. Außerdem war Frau Igel für die Überwachung der Lagerbestände, für die Pflege der Artikelstammdaten sowie für die Aktualisierung unserer Preisliste zuständig.

Die zu ihrem Aufgabengebiet gehörenden Tätigkeiten hat Frau Igel immer selbstständig und stets zu unserer vollen Zufriedenheit ausgeführt.

Ihr Verhalten gegenüber Vorgesetzten, Kollegen und Mitarbeitern war jederzeit einwandfrei. Alle schätzten ihre Hilfsbereitschaft.

Frau Igel verlässt unser Unternehmen zum 31. Dezember 2009. Wir danken ihr für ihre Mitarbeit und wünschen ihr beruflich und persönlich alles Gute und viel Erfolg.

Hannover, 31.12.2009

UNOXINA-GMBH

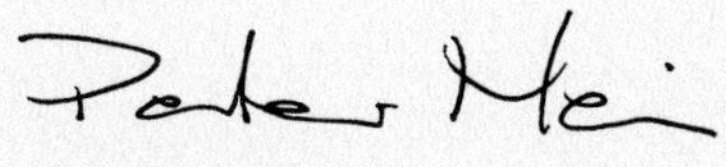

Peter Hein
Geschäftsführer

UNOXINA GmbH
30449 Hannover
Kirchstraße 12
Tel.: 0511 2076566

Geschäftsführer:
Peter Hein, Franz Müller

Volksbank Hannover
Konto-Nr. 764 457 697
BLZ 255 550 00

Zeugnis von Barbara Igel, 2., überarbeitete Version (Kommentar auf Seite 37)

Zentrale Stadtbibliothek Bremerhaven

Lange Weihe 13
25067 Bremerhaven Mitte

Zeugnis

Frau Stefanie Seidel, geboren am 28.04.1964 in Frankfurt/Main, war vom 01.06.2008 bis zum 31.07.2010 als Leiterin für die Stadtbibliothek Bremerhaven tätig.
Das System der Einrichtung umfasst eine Zentralbibliothek mit Erwachsenen-, Kinder- und Musikabteilung sowie zwei Stadtteilbibliotheken mit einem Gesamtbestand von 240 000 Medieneinheiten. Zu ihren Hauptaufgaben gehörten:

- Bearbeitung der Fernleihe
- Bearbeitung der Bibliothekskorrespondenz
- Telefondienst der Bibliothek
- Formalkatalogisierung des Bestandes nach RAK
- Inventarisierung der Bibliotheksbestände
- Aktualisierung und Ergänzung des vorhandenen Buchbestandes
- Sachkatalogisierung des Bibliotheksbestandes
- Betreuung neuer Medien
- Bestandsaufnahme und Bestellung neuer Bücher
- Fachauskunft und Beratung der Bibliothekskunden bei der Medienauswahl
- Durchführung von Bibliotheksführungen für einzelne Kunden und Gruppen
- Ergänzung des Wissensangebotes durch weiterführende Informationen und Veranstaltungen
- Öffentlichkeitsarbeit der Stadtbibliothek
- Verwaltungsführung der Stadtbibliothek
- Umstellung der Bibliotheksverwaltung auf EDV (Bibliothekssystem „SISIS")
- Durchführung von Kooperationsprojekten im Schul- und Kulturbereich
- Anleitung und Betreuung der ihr unterstellten Bibliothekare und anderer Bibliotheksmitarbeiter

Frau Seidel zeigte eine gute Einsatzbereitschaft, wobei ihre optimistische Haltung auch in schwierigen Arbeitssituationen sehr motivierend wirkte. Sie war den Anforderungen und Belastungen ihres Arbeitsbereiches recht gut gewachsen. Wir können bestätigen, dass die Arbeit von Frau Seidel hohe Ansprüche erfüllte. Sie ist weiterbildungsmotiviert und hat sich in eigener Initiative neben ihrem beruflichen Engagement in der EDV-gestützten Bibliotheksverwaltung weitergebildet. Die Leistungen von Frau Seidel verdienen unsere Anerkennung.

Frau Seidels Kooperation mit Vorgesetzten, Mitarbeitern und Kollegen war gut. Auch von unseren Bibliothekskunden wurde sie geschätzt.

Frau Seidel trennt sich zum 31.07.2010 von unserer Stadtbibliothek aus eigenem Entschluss. Wir wünschen Frau Seidel alles Gute auf ihrem persönlichen und beruflichen Lebensweg.

Bremerhaven, 08.08.10
Magistrat der Stadt Bremerhaven

Personalamt

Zeugnis von Stefanie Seidel, 1., schlechte Version (Kommentar auf Seite 42)

ZENTRALE STADTBIBLIOTHEK BREMERHAVEN

Lange Weihe 13
25067 Bremerhaven Mitte

Zeugnis

Frau Stefanie Seidel, geboren am 28.04.1964 in Frankfurt/Main, war vom 01.06.2008 bis zum 31.07.2010 als Leiterin für die Stadtbibliothek Bremerhaven tätig.
Das System der Einrichtung umfasst eine Zentralbibliothek mit Erwachsenen-, Kinder- und Musikabteilung sowie zwei Stadtteilbibliotheken mit einem Gesamtbestand von 240 000 Medieneinheiten.

Zu ihren Hauptaufgaben gehörten:

- Anleitung und Betreuung der ihr unterstellten Bibliothekare und anderer Mitarbeiter
- Bearbeitung der Bibliothekskorrespondenz
- Formalkatalogisierung des Bestandes nach RAK
- Inventarisierung der Bibliotheksbestände
- Aktualisierung und Ergänzung des vorhandenen Buchbestandes
- Sachkatalogisierung des Bibliotheksbestandes
- Öffentlichkeitsarbeit der Stadtbibliothek
- Verwaltungsführung der Stadtbibliothek
- Umstellung der Bibliotheksverwaltung auf EDV (Bibliothekssystem „SISIS")
- Durchführung von Kooperationsprojekten im Schul- und Kulturbereich

Stets zeigte Frau Seidel eine hervorragende Einsatzbereitschaft, wobei ihre optimistische Grundhaltung auch in schwierigen Arbeitssituationen auf alle Mitarbeiter immer sehr motivierend wirkte. Sie war den besonderen Anforderungen und Belastungen ihres Arbeitsbereiches jederzeit gut gewachsen. Die Arbeit von Frau Seidel erfüllte stets höchste Ansprüche. Sie ist weiterbildungsmotiviert und hat sich in eigener Initiative neben ihrem beruflichen Engagement mit guten Ergebnissen in der EDV-gestützten Bibliotheksverwaltung fortgebildet.

Frau Seidel zeichnete verantwortlich für die Anleitung und Betreuung der ihr unterstellten Bibliothekare und anderer Bibliotheksmitarbeiter. Ihr standen 14 Vollzeit- und 12 Teilzeitkräfte zur Verfügung. Die ihr unterstellten Mitarbeiter schätzten ihre klare und gerechte Wesensart. Es gelang Frau Seidel, ihre Mitarbeiter stets zu guten Leistungen zu motivieren und deren Fortbildung zu fördern.

Die Leistungen von Frau Seidel verdienen in jeder Hinsicht unsere ganze Anerkennung.

Die Kooperation von Frau Seidel mit Vorgesetzten, Kollegen und Mitarbeitern war jederzeit gut. Auch von unseren Bibliothekskunden wurde sie aufgrund ihrer freundlich-verbindlichen Art sehr geschätzt.

Zum 31.07.2010 verlässt uns Frau Seidel aus eigenem Entschluss, um sich einer anderen beruflichen Herausforderung zu stellen. Mit Bedauern über ihr Ausscheiden danken wir Frau Seidel für ihre stets guten Leistungen und die angenehme Zusammenarbeit und wünschen ihr für ihre berufliche Zukunft alles Gute und weiterhin viel Erfolg.

Bremerhaven, 31.07.2010
Magistrat der Stadt Bremerhaven

Christoph Kümmerling
Personalamtsleiter

Zeugnis von Stefanie Seidel, 2., überarbeitete Version (Kommentar auf Seite 42)

Kommentar zur 1. Zeugnis-Version von Frau Seidel

Bei diesem Zeugnis für eine zweijährige Leitungstätigkeit fällt als Erstes die äußerst lange Auflistung der Tätigkeiten ins Auge. Nach genauerer Betrachtung des gesamten Zeugnisses fragt sich der Leser, was hier wohl nicht stimmt. Auch die Formulierungen zum Abschluss des Zeugnisses sind nicht angetan, einen positiven Eindruck zu vermitteln (ziemlich knapp und kühl). Die meisten Absätze beginnen mit »Frau Seidel …«.

Für eine Führungskraft sollte eine Auflistung der Tätigkeiten vielleicht eher mit einem Einleitungssatz wie folgt beginnen: »Der Wirkungs- und Verantwortungsbereich von Frau XY umfasste im Wesentlichen die selbstständige Erledigung folgender Schwerpunktaufgaben: …« oder »Hauptaufgaben in dieser mit großem Gestaltungsspielraum und Eigenverantwortung ausgestatteten Position waren: …«.

Die gesamte Aufgabenbeschreibung ist relativ nichtssagend und undifferenziert, die Reihenfolge der genannten Tätigkeiten entspricht nicht der Rangfolge der Wichtigkeit. Des Weiteren werden hier Aufgaben genannt, die für eine Führungskraft entweder selbstverständlich oder sehr unwesentlich sind, wie z. B. »Telefondienst der Bibliothek« oder »Inventarisierung der Bestände«. Insgesamt ist dieser Absatz dringend zu überarbeiten und entsprechend dem Rang und der Kompetenz einer Führungskraft umzuformulieren.

Die Leistungsbeurteilung enthält Aussagen über Arbeitsbereitschaft, -befähigung und -erfolge, die vielleicht gerade noch einer ganz knappen durchschnittlichen Bewertung entsprechen, auch weil sie sehr kurz sind und ohne jede adverbiale Bestimmung der Zeit (stets, immer, jederzeit etc.) auskommen.

MERKBLOCK

Die wichtigsten Punkte bei der Leistungsbeurteilung

- Arbeitsbereitschaft
- Arbeitsbefähigung
- Arbeitsweise
- Arbeitserfolg (Arbeitsmenge, -tempo, -qualität)
- ggf. besondere Arbeitserfolge
- ggf. Fachwissen/Weiterbildungsmotivation
- ggf. Führungsverhalten gegenüber Mitarbeitern
- Zusammenfassende Beurteilung der Leistung

Leider kommt hier die unschöne Einleitung »Wir können bestätigen, dass …« im letzten Satz vor, die dringend zu vermeiden ist. Leicht entsteht der Eindruck, der Kandidat habe diese Aussage dem Arbeitgeber abgerungen. Danach folgt ein Satz über die Weiterbildungsmotivation mit der Note »knapp befriedigend«. Das Führungsverhalten wird dagegen nicht angesprochen. Der Leser erfährt auch nicht, wie viele Mitarbeiter dieser Führungskraft unterstellt waren.

Die zusammenfassende Leistungsbeurteilung entspricht einer noch befriedigenden Bewertung, das Verhalten ist nur sehr kurz erfasst.

Im Abschluss verbirgt die Formulierung »trennt sich aus eigenem Entschluss« die Möglichkeit, dass es sich hier um eine vom Arbeitgeber geforderte Eigenkündigung handelt. Ohne Bedauern und Dank gibt es nur sehr knappe Zukunftswünsche. Das Datum entspricht nicht dem Arbeitsende und die Position des Unterzeichnenden fehlt.

Fazit: Ein rundum unbefriedigendes Zeugnis, das einer Führungskraft nicht gerecht wird. Die Tätigkeitsbeschreibung sowie die anderen angesprochenen Aspekte sind zu korrigieren. In dieser Form ist das Zeugnis ein Stolperstein für zukünftige Bewerbungen.

Kommentar zur 2. Version

Hier finden wir eine ganz andere, viel bessere und freundlichere Variante. Angefangen bei der geschickteren Aufgabenaufzählung über die Verwendung der adverbialen Bestimmungen der Zeit (stets, jederzeit, immer …) bis hin zu Aussagen über die Weiterbildungsbereitschaft und den erzielten Erfolg, die konkrete Mitarbeiterzahl und den Führungsstil sowie die Fähigkeit zur Mitarbeitermotivation, alles klingt deutlich anders, sehr viel positiver.

Die Formulierung ist insgesamt sorgfältiger, die Absatzanfänge wurden variiert und die Abschlussformel ist ausführlicher und verbindlicher gewählt. Der Aussteller ist namentlich und von seiner Position her eindeutig zu identifizieren und hebt so den Wert dieses Zeugnisses. Auch das Ausstellungsdatum ist okay.

Fazit: Ohne Zweifel ist es jetzt ein gutes Zeugnis, das aber aufgrund der relativ kurzen Verweildauer (zwei Jahre in der Leitungsfunktion) wohl dennoch kritische Fragen nach sich ziehen wird.

Zusammengefasst

Generell stellt sich bei jedem Arbeitszeugnis die Frage, ob es wirklich in dem Sinne geschrieben wurde, wie es der Leser jetzt liest und interpretiert, und ob sowohl die Schreib- als auch die Lese- und Interpretationsart gerechtfertigt sind. Mit anderen Worten: Meint der Zeugnisschreiber, was er schreibt, und schreibt er, was er meint? Alles in allem eine wirklich diffizile Materie. Und schon unsere Schulzeugnisse sollten uns eigentlich gelehrt haben, dass Papier nicht nur geduldig ist, sondern auch alle Beurteilung relativ und subjektiv.

Auch deshalb kann vor einer Selbstüberschätzung im Erstellen und Interpretieren von Zeugnissen nur gewarnt werden. Es liegt nicht allein an der einzelnen Formulierung, die zu einem positiven oder negativen Arbeitszeugnis führt, sondern vielmehr am Gesamteindruck, der sich dem geschulten Leser vermittelt.

So wird es ihn zum Beispiel nicht sonderlich beeindrucken zu lesen, welche positiven Leistungen ein Mitarbeiter erbracht hat, wenn am Ende des Zeugnisses sein selbst gewählter Fortgang nicht auch bedauert wird (sogenannte Widerspruchstechnik). Und die kurze Verweildauer (bis zu zwei Jahren) im Betrieb ist ein deutlicher Hinweis darauf, dass die »verantwortungsvolle Tätigkeit in höchst wichtigen Arbeitsbereichen« nicht viel mehr als warme Luft ist.

Tipp: Sie sollten sich als Arbeitnehmer nicht mit einer zweifelhaften Beurteilung zufriedengeben, sondern schlicht ein gutes Zeugnis anstreben und bei dessen Erstellung möglichst aktiv mithelfen.

MERKBLOCK

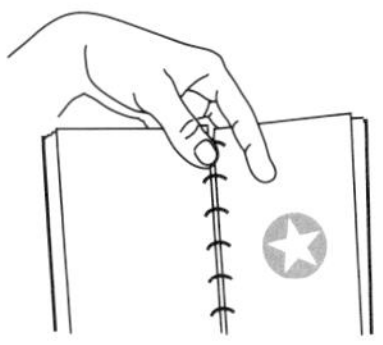

Leistungsbeurteilung
Was ist gemeint?

Arbeitsbereitschaft
- Identifikation, Engagement, Initiative
- Dynamik, Elan, Pflichtbewusstsein
- Zielstrebigkeit, Energie, Fleiß
- Interesse, Einsatzwille, Mehrarbeit

Arbeitsbefähigung
- Ausdauer, Belastbarkeit, Flexibilität
- Stressstabilität, positives Denken
- Auffassungsgabe, Konzentration
- Denk-, Urteilsvermögen, Kreativität
- Organisationstalent

Arbeitsweise
- Selbstständigkeit, Zuverlässigkeit, Eigenverantwortung
- Sorgfalt, Planung, Gewissenhaftigkeit
- gründlich, rationell
- schonend, umsichtig, Systematik, Methode
- Sicherheit, Sauberkeit, Hygiene

Arbeitserfolg (Arbeitsmenge, -tempo, -qualität)
- überdurchschnittliche Qualität, Quantität
- Lösungen, Tempo, Umsatz-Steigerungen
- Erfolge, Verwertbarkeit, Intensität, Rendite
- Produktivität, Termintreue, Zielerreichung
- Sollübererfüllung, Effizienz

ggf. besondere Arbeitserfolge
- Verbesserungsvorschläge, Reorganisation
- erfolgreiche Projektarbeit, Rück- oder Neugewinnung von Kunden, Kostensenkung
- Ausschussquote oder Reklamationsbearbeitung verbessert, Führungs-, Entwicklungserfolge

Fachwissen/Weiterbildungsmotivation
- Inhalte, Aktualität, Umfang, Tiefe
- Anwendung, Nutzen
- Eigeninitiative, berufsbegleitend
- Zertifikate, Bildungserfolg

PRAXISBEISPIEL

Die Macht der Worte – wie viel Wahrheit im Arbeitszeugnis steckt oder nicht

Wir sind ein relativ kleines Unternehmen mit rund zehn Mitarbeitern. Da kommt es auf jeden ganz besonders an. Deshalb hatten wir uns bei der Besetzung einer neuen Stelle in unserem Büro sehr viel Mühe gegeben. Uns durch über 300 Bewerbungsunterlagen durchgelesen, mit über 15 Personen telefoniert und schließlich 8 Bewerberinnen zum ersten Vorstellungsgespräch eingeladen. Pro Kandidatin eine Stunde – ein langer Tag für uns. In der Endauswahl waren endlich 3 Kandidatinnen, alle machten einen guten Eindruck, wirkten kompetent und hoch motiviert, konnten tolle Arbeitszeugnisse vorweisen. Wer die Wahl hat, hat auch die Qual. Ich war mir nicht sicher und auch die beiden Mitarbeiter, die ich mit eingebunden hatte, konnten sich nicht eindeutig für eine Kandidatin aussprechen. In meiner Entscheidungsnot rief ich den vorletzten Arbeitgeber einer der drei an und bat um eine telefonische Referenz in Ergänzung zu dem sehr guten Zeugnis. Schnell stellte sich heraus, dass all die lobenden Worte nicht der Arbeitsalltagsrealität entsprachen, sondern eher ein Kompromiss waren, um nicht vor dem Arbeitsgericht zu landen. Ich war schwer enttäuscht und doch irgendwie auch froh, diesen Schritt gewagt zu haben. Eine Person weniger, jetzt muss ich unbedingt auch noch bei den anderen beiden Kandidatinnen nachhaken …

CHECKLISTE ARBEITSZEUGNIS

In folgender Checkliste finden Sie noch einmal alle Punkte, auf die Sie bei Ihrem Zeugnis unbedingt achten sollten.

1. Formales

- Ist Ihr Zeugnis auf Firmenpapier fehlerfrei getippt und enthält es formal richtig Ihre persönlichen und arbeitsbezogenen Daten? Ist das Zeugnis von einer bei Ihrem Arbeitgeber hierarchisch klar über Ihnen stehenden Person mit Vertretungsvollmacht unterschrieben worden?
- Ist es mit dem Tag Ihres Ausscheidens aus dem Unternehmen datiert, jedenfalls nicht später als ein bis drei Tage danach?
- Können Sie merkwürdige Kenn- bzw. Geheimzeichen entdecken (Punkte, Striche etc.)?

2. Tätigkeitsbeschreibung

- Sind Art und Inhalt Ihrer Tätigkeit ausführlich geschildert, sodass sich ein Dritter ein zutreffendes Bild von Ihren Arbeitsaufgaben machen kann?
- Stimmen Stellen- und Tätigkeitsbeschreibung inhaltlich überein?
- Sind besonders qualifizierende Tätigkeiten entsprechend detailliert dargestellt, werden Selbstständigkeit und Eigenverantwortlichkeit angemessen betont?
- Ist Ihre Teilnahme an betrieblichen Fort- und Weiterbildungsveranstaltungen erwähnt worden?
- Wichtig: Wirkt die Aufgaben- und Tätigkeitsbeschreibung angemessen, entsprechend Ihrer Beschäftigungszeit, oder ist sie eher knapp und lieblos?
- Nicht akzeptabel: Ihre Tätigkeitsbeschreibung enthält Formulierungen, die man abwertend interpretieren könnte, die mehrdeutig auszulegen sind, die eher Selbstverständlichkeiten oder Nebensächlichkeiten in den Vordergrund stellen und ausführlich beschreiben.

3. Leistungs- und Verhaltensbeurteilung

- Findet beides im Text Erwähnung und wie wird beurteilt? Welche Leistungen, Verhaltensweisen oder Eigenschaften finden besonders lobende Erwähnung?
- Welcher Grad der Zufriedenheit mit Ihrer Arbeitsleistung wird formuliert?
- Achtung: Was wird weggelassen, welche Nebensächlichkeiten werden in den Vordergrund gerückt?
- Werden Kenntnisse und Können, Arbeitsweise und Arbeitsstil beschrieben und bewertet?
- Attestiert man Ihnen und Ihrer Arbeit auch entsprechenden Erfolg?
- Wie verhalten sich Einzelbeurteilungen zur Gesamtbewertung?
- Achtung: Gibt es Aussagen, die Einschränkungen wie z. B. »im Großen und Ganzen«, »im Allgemeinen«, »im Wesentlichen« enthalten?
- Werden berufsrelevante Eigenschaften stillschweigend übergangen bzw. nicht gelobt?
- Gibt es doppeldeutige Aussagen, die Ihr Verhalten zu Vorgesetzten, Kollegen, Untergebenen, Kunden, Kooperationspartnern beschreiben?
- Wird Ihr Verhalten bestimmten Personengruppen gegenüber besonders betont, während andere weggelassen werden?
- Attestiert man Ihnen Personalkompetenz, d. h. den richtigen Umgang mit Mitarbeitern, für die Sie verantwortlich sind?
- Was sagt Ihr Zeugnis über Ihre Fähigkeit aus, andere Menschen zu führen?
- Wie beurteilt man Ihre Verantwortungs- und Delegationsbereitschaft?
- Welche Aussagen gibt es über Ihre Fähigkeit, Ihre Mitarbeiter zu motivieren?
- Welche Aussage beschreibt Ihr Informationsverhalten gegenüber Vorgesetzten und Mitarbeitern?
- Welche Formulierungen werden hinsichtlich Ihrer organisatorischen Fähigkeiten getroffen?

4. Auflösungsgrund

- ○ Steht in Ihrem Zeugnis, dass Sie auf eigenen Wunsch gekündigt haben bzw. den Arbeitgeber verlassen?
- ○ Bedauert das Unternehmen Ihr Ausscheiden?
- ○ Dankt man Ihnen für die geleistete Arbeit?
- ○ Spricht man Ihnen gute Wünsche für die Zukunft aus? Sind die Wünsche knapp oder ausführlich (»de luxe«) formuliert?
- ○ Ist die Reihenfolge »berufliche« vor »privater« Zukunft eingehalten?

5. Gesamteindruck

- ○ In welchem Tenor ist Ihr Zeugnis geschrieben (wohlwollend und warm, kühl, kurz, knapp, verkomplizierend, lange, schwer nachzuvollziehende Sätze, Floskeln und allgemeine Redewendungen oder präzise, klare Informationen und Formulierungen)?
- ○ Stimmen Orthografie und Interpunktion?
- ○ Entdecken Sie Ausrufezeichen (dürften in Arbeitszeugnissen nicht vorkommen)?

6. Was Sie sonst noch beachten sollten

- ○ Bitten Sie rechtzeitig um Ihr Arbeitszeugnis und machen Sie wenn möglich davon Gebrauch, wichtige Punkte Ihres Arbeitszeugnisses selbst vorzuschlagen. Lassen Sie Ihr Arbeitszeugnis auch von anderen gegenlesen und informieren Sie sich im Zweifelsfalle bei einem Profi, wie er Ihr Zeugnis ehrlich (ungeschminkt) einschätzt.
- ○ Versuchen Sie bei Differenzen, eine gütliche Einigung über den Inhalt des Zeugnisses herbeizuführen. Wenn nötig, können Sie Ihr Arbeitszeugnis vor dem Arbeitsgericht mit guter Aussicht auf Erfolg ganz entscheidend verbessern.
- ○ Wichtigster Hinweis: Erbitten Sie bei einer günstigen Gelegenheit ein Zwischenzeugnis. Dieses sicherlich positive Zwischenzeugnis kann dann zu einem späteren Zeitpunkt (z. B. ein halbes oder ein Jahr später) für Sie sehr wichtig sein, falls Sie (aus welchem Grund auch immer) beim Verlassen der Firma ein ungerechtfertigt schlechtes Arbeitszeugnis bekommen sollten.

MERKBLOCK

Aufbauschema eines Arbeitszeugnisses

Briefkopf
Aussteller-Unternehmen

Überschrift

- Einleitung
- Postitions-, Aufgaben- und Tätigkeitsbeschreibung

- Leistungsbeurteilung
- zusammenfassende Leistungszufriedenheitsaussage
- Verhaltensbeurteilung
- zusammenfassende Verhaltenszufriedenheitsaussage

- Beendigungsgrund
- Bedauerns-Dankes-Formel
- Zukunftswünsche

- Ort/Datum der Ausstellung
- Name
- Funktion Zeugnisaussteller

AUSSAGEN ZUR GESAMT-LEISTUNGSZUFRIEDENHEIT

Folgende klassische Standardformulierungen haben sich in der Praxis durchgesetzt und werden deshalb von den meisten Lesern – selbst wenn sie keine Profis auf diesem Gebiet sind – richtig interpretiert (in Klammern die Bewertung in Form von Schulnoten):

Herr/Frau XY hat die ihm/ihr übertragenen Aufgaben …

… *stets zu unserer vollsten Zufriedenheit erledigt* (1)

… *stets zu unserer vollen Zufriedenheit erledigt* (1–2)

… *zu unserer vollsten Zufriedenheit erledigt* (2)

… *zu unserer vollen Zufriedenheit erledigt* (3)

… *zu unserer Zufriedenheit erledigt* (4)

… *im Großen und Ganzen zur Zufriedenheit erledigt* (4–5)

Herr/Frau XY hat sich bemüht, die ihm/ihr übertragenen Aufgaben zur Zufriedenheit zu erledigen (5–)

Neben den klassischen Aussagen zur Gesamt-Leistungszufriedenheit gibt es noch die modernen und die sogenannten Klartextaussagen, die wir Ihnen weiter unten vorstellen.

Aber auch in der traditionellen Variante kommen deutlich abweichende Formulierungen in der Praxis vor. Bisweilen beinhalten sie eine besonders kritische Würdigung der erbrachten Gesamtleistung. Und natürlich wird manchmal auch eine Gesamtzufriedenheitsaussage weggelassen, was eher eine negative Bedeutung hat. Besonders knifflig: Obwohl der Arbeitgeber eine sehr positive Gesamtzufriedenheitsaussage trifft, steht diese im klaren Gegensatz zur vorangegangenen Beurteilung einzelner Aspekte. In einem solchen Fall wird der Fachmann/die Fachfrau die Gesamtaussage als juristischen Trick erkennen und nur den kritischen Tönen Glauben schenken.

Hier noch einmal eine Kurzübersicht zur gängigen Zufriedenheitsskala auch mit etwas abweichenden Formulierungen:

ganz klar sehr gut:
… *stets zu unserer vollsten Zufriedenheit*
… *jederzeit zu unserer absoluten Zufriedenheit*

wirklich gut:
… *stets zu unserer vollen Zufriedenheit*
… *immer zu unserer besten Zufriedenheit*

noch ziemlich gut:
… *zu unserer vollsten Zufriedenheit*
… *zu unserer besten Zufriedenheit*

eher knapp befriedigend:
… *zu unserer vollen Zufriedenheit*
… *zu unserer ganzen Zufriedenheit*

kaum noch ausreichend:
… *zu unserer Zufriedenheit*

absolut mangelhaft:
… *im Allgemeinen zu unserer Zufriedenheit*

Egal ob »stets«, »jederzeit« oder »immer« ausgesucht wird, es kommt auf das Vorhandensein der adverbialen Bestimmung der Zeit an, wobei der Standard in der hier aufgeführten Reihenfolge (stets, jederzeit, immer) am häufigsten gewählt wird!

Im Vergleich die modernen Formulierungen

Statt: *... stets zu unserer vollsten Zufriedenheit* (sehr gut):
… *Leistungen haben unseren Erwartungen und Anforderungen stets in jeder Hinsicht und in allerbester Weise entsprochen*

Statt: *... stets zu unserer vollen Zufriedenheit* (gut):
… *Leistungen haben unsere Erwartungen und Anforderungen stets voll erfüllt*

Leistungsbeurteilungen (Gesamt-Zufriedenheitsaussagen) im Überblick:

Ohne Stern: klassische Version
*: moderne Version
**: Klartext

Sehr gute Leistungen werden mit folgenden Formulierungen beschrieben:
... hat die ihm/ihr übertragenen Aufgaben stets zu unserer vollsten Zufriedenheit erledigt.
... waren wir immer mit seinen/ihren Leistungen in jeder Hinsicht außerordentlich zufrieden.
... haben seine/ihre Leistungen in jeder Hinsicht unsere vollste/besondere Anerkennung gefunden.
*... hat/haben unsere/n Erwartungen/Anforderungen stets in jeder Hinsicht und in allerbester Weise erfüllt/entsprochen.**
*... haben uns seine/ihre Leistungen jederzeit bestens/absolut zufriedengestellt ***

Gute bis sehr gute Leistungen werden mit folgenden Formulierungen beschrieben:
... hat die ihm/ihr übertragenen Arbeiten zu unserer vollsten Zufriedenheit erledigt.
... unseren Erwartungen in allerbester Weise entsprochen.
*... haben seine Leistungen in jeder Hinsicht unsere volle/besondere Anerkennung gefunden.**
*... haben unsere ganzen Erwartungen und alle Anforderungen stets voll erfüllt.**
*... haben uns seine/ihre Leistungen bestens/absolut zufriedengestellt.***
*... waren wir mit seinen/ihren Leistungen jederzeit sehr zufrieden.***

Gute Leistungen werden mit folgenden Formulierungen beschrieben:
... hat die ihm/ihr übertragenen Arbeiten stets zu unserer vollen Zufriedenheit erledigt.
... waren wir mit seinen/ihren Leistungen voll und ganz zufrieden.
... haben ihre/seine Leistungen unsere volle Anerkennung gefunden.
... mit den Arbeitsergebnissen waren wir jederzeit vollauf zufrieden.
*... hat unseren Erwartungen in jeder Hinsicht und in bester Weise entsprochen.**
*... haben unsere Erwartungen und Anforderungen stets voll erfüllt.**
*... haben uns seine/ihre Leistungen stets gut zufriedengestellt.***
*... waren wir mit seinen/ihren Leistungen sehr zufrieden.***

Befriedigende (aber doch nur noch durchschnittliche) Leistungen werden formuliert mit:
... hat die ihm/ihr übertragenen Arbeiten zu unserer vollen Zufriedenheit erledigt.
... hat die ihm/ihr übertragenen Arbeiten stets zu unserer Zufriedenheit erledigt.
*... hat unseren Erwartungen in jeder Hinsicht entsprochen.**
... hat unseren Erwartungen voll entsprochen.
*... haben uns seine/ihre Leistungen gut zufriedengestellt. ***
*... waren wir mit seinen/ihren Leistungen voll/jederzeit zufrieden.***

Ausreichende (eigentlich schlechte) Leistungen werden umschrieben mit:
... hat die ihm/ihr übertragenen Arbeiten zu unserer Zufriedenheit erledigt.
... waren wir mit seinen/ihren Leistungen zufrieden.
... hat unseren Erwartungen entsprochen.

Mangelhafte (absolut schlechte) Leistungen werden umschrieben mit:
... hat die ihm/ihr übertragenen Arbeiten im Großen und Ganzen zu unserer Zufriedenheit erledigt.
... haben seine/ihre Leistungen weitestgehend unseren Erwartungen entsprochen.

Unzureichende (katastrophale) Leistungen werden umschrieben mit:
... hat sich bemüht, die ihm/ihr übertragenen Aufgaben zu unserer Zufriedenheit zu erledigen.
... hat er/sie sich bemüht, unseren Erwartungen/Anforderungen zu entsprechen.

Vier Zeugnisbeispiele – Kommentar und Einschätzung

Jetzt wissen Sie, worauf es im Arbeitszeugnis ankommt. Ihr frisch erworbenes Wissen können Sie im Folgenden gleich anwenden.

Auf den nächsten Seiten finden Sie vier Zeugnisse, die durchaus verbesserungswürdig sind. Finden Sie die Stolpersteine. Decken Sie zunächst den Rand jeweils zu und beurteilen Sie selbst: Was ist gut, was weniger überzeugend in den Zeugnissen von Andreas Hildebrandt, einem Pflegehelfer, Friedemann Staats, einem Produktionsmitarbeiter, der Fremdsprachenkorrespondentin Cornelia Denzel und schließlich von Michael Benthin, der als stellvertretender Fachabteilungsleiter tätig war? Anschließend können Sie Ihre Ergebnisse mit unseren Verbesserungsvorschlägen vergleichen.

Übrigens: Auf der CD-ROM finden Sie viele weitere Beispiele für Arbeitszeugnisse.

In der Überschrift sollte statt Bescheinigung das Wort Zeugnis stehen.

Die Passivform »wurde beschäftigt« sowie das »oblagen« stellen schon eine Negativbeurteilung dar.

Die Tätigkeitsbeschreibung fällt sehr kurz aus. Ebenso die Leistungsbeurteilung, die wegen der Kürze und der Formulierungen als mangelhaft einzuschätzen ist. Aussagen wie »... hat der von uns geforderten Einsatzbereitschaft im Wesentlichen entsprochen« sind als sehr schlecht einzustufen. Die zusammenfassende Leistungsbeurteilung entspricht einer kaum noch ausreichenden Beurteilung.

Auch die Verhaltensbeurteilung ist katastrophal. Zum einen durch die Reihenfolge (Vorgesetzte nicht zuerst) und zum anderen durch die Art der Beschreibung: »... war in der Regel ohne Beanstandung«. Im Klartext: Betragen mangelhaft.

Das krumme Austrittsdatum (oben) lässt auf eine fristlose Kündigung schließen. Und auch die Dankes-Zukunfts-Formel beinhaltet ein »mangelhaft«. Der Zeugnisaussteller benutzt die Form der ironischen Übertreibung: »... wirklich alles nur erdenklich Gute«. Zuletzt: das sehr späte Ausstellungsdatum!

Bescheinigung

Herr Andreas Hildebrandt, geb. am 12.10.1964 in Mainz, wurde vom 01.05.2009 bis zum 19.05.2010 als Pflegehelfer in unserer Klinik beschäftigt.

Herr Hildebrandt war auf einer Station für 30 querschnittsgelähmte Patienten eingesetzt. Ihm oblagen die grundpflegerische Versorgung sowie assistierende Tätigkeiten in der Behandlungspflege.

Herr Hildebrandt hat der von uns geforderten Einsatzbereitschaft im Wesentlichen entsprochen.

Er verfügt über entwicklungsfähige Kenntnisse in seinem Arbeitsbereich und hatte Gelegenheit, sich das erforderliche Wissen für die Tätigkeiten im Bereich der Krankenpflege anzueignen.

Herr Hildebrandt führte die ihm übertragenen Aufgaben zu unserer Zufriedenheit aus.

Durch seine ruhige Art erwarb er sich das Vertrauen der Mitarbeiter und Patienten. Sein persönliches Verhalten gegenüber seinen Vorgesetzten war in der Regel ohne Beanstandung.

Das Arbeitsverhältnis zwischen Herrn Hildebrandt und unserer Klinik endet zum 19.05.2010. Wir können ihm unseren Dank für die immer vorhandene Arbeitsbereitschaft hier nicht versagen und wünschen ihm zukünftig wirklich alles nur erdenklich Gute.

Bayreuth, 20.11.2010
FRANZ ZEISIG KLINIK

H. Schulze-Ludwig

Prof. Dr. H. Schulze-Ludwig
(Chefarzt)

Einschätzung

Sicher ist Ihnen aufgefallen, dass es sich um ein sehr schlechtes Zeugnis handelt, in dem es vor Negativbewertungen nur so wimmelt und das für zukünftige Bewerbungen absolut nicht förderlich ist. Der Arbeitgeber hat die Bewertung entsprechend den üblichen verklausulierten Formulierungen vorgenommen. Es wird dem Arbeitnehmer jetzt wohl kaum noch möglich sein, ein anderes, besseres Zeugnis zu erhalten, auch wenn wie in diesem Fall keine Kündigungsschutzklage erhoben wurde. Falls der Kandidat sofort bei der Kündigung ein Zeugnis angefordert hätte, bestünde wenigstens der Anspruch auf ein zeitgleiches Datum mit dem Austritt aus dem Unternehmen. Bei einem so schlechten Zeugnis leider kein wirklicher Trost.

Werfen Sie nun einen Blick auf das Zeugnis von Herrn Staats. Was halten Sie davon? Decken Sie zunächst wieder die Randspalte zu.

Bereits der erste Satz bringt eine Geringschätzung zum Ausdruck: »Hiermit bescheinigen wir, dass ...« signalisiert, dass es sich bei dieser Beurteilung lediglich um eine Pflichtübung handelt.

Die Tätigkeitsbeschreibung wirkt wegen der Passivformulierung »Hier oblag ihm die Aufgabe ...« negativ.

Die Leistungsbeurteilung fällt wegen der Kürze und des Schlusses »Er war ... im Allgemeinen pünktlich« schlecht aus. Die Leistungen – wird signalisiert – ließen mit der Zeit deutlich nach.

Die Äußerung über das Fernbleiben wegen eines Alkoholproblems ist nicht zulässig.

Die Abschlussformel zeigt, dass Herrn Staats gekündigt wurde. Dank und Zukunftswünsche fehlen.

Der Unterzeichner ist ohne Rang ausgewiesen. Das Ausstellungsdatum ist schon zu weit vom Austrittsdatum entfernt.

Zeugnis

Duisburg, 16.03.2010

Hiermit bescheinigen wir, dass Herr Friedemann Staats, geb. am 7. November 1951, am 1. April 2008 als Produktionsmitarbeiter in die Dienste unseres Unternehmens eintrat.

Herr Staats arbeitete für unsere Abteilung Wohndachfenster. Hier oblag ihm die Aufgabe, Beschläge zu montieren, Überschläge zu fräsen und Dichtungen einzuziehen.

Herr Staats arbeitete sich gut ein und erledigte zunächst alle Aufgaben zu unserer vollen Zufriedenheit. Er war fleißig und zuverlässig sowie im Allgemeinen pünktlich.

Seit Oktober 2009 blieb Herr Staats wiederholt seinem Arbeitsplatz aufgrund eines Alkoholproblems fern.

Zu unserem Bedauern musste das Arbeitsverhältnis zum 28.02.2010 aufgelöst werden.

Steinfurth
Baustoffe GmbH

W. Mühsam

Werner Mühsam

Einschätzung

Auch dies ist ein absolut mangelhaftes und inakzeptables Zeugnis, das die Kündigung wegen Alkohol am Arbeitsplatz deutlich ausdrückt.

Generell dürfen Krankheiten nicht im Zeugnis erwähnt werden: Ist die Alkoholabhängigkeit allerdings so gravierend, dass es zu Fehlverhalten während der Arbeitszeit kommt, kann der Arbeitgeber dies durch verklausulierte Formulierungen ins Zeugnis bringen. Es wird dann umschrieben mit: »Bei Herrn Staats häuften sich die Fehltage und es kam zu Konflikten mit dem Vorgesetzten.«

Kommen wir nun zum Zeugnis von Cornelia Denzel, einer Fremdsprachenkorrespondentin:

FEHLER

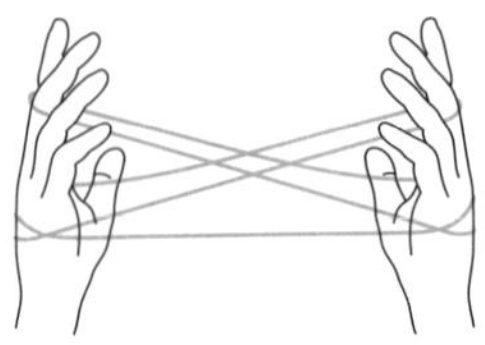

Die 7 häufigsten Fehler bei der Interpretation von Arbeitszeugnissen

Es ist ein Fehler, ...

- die Bedeutung von Arbeitszeugnissen zu negieren.
- gar nicht erst um ein qualifiziertes Arbeitszeugnis zu bitten.
- sich nicht alle zwei bis drei Jahre ein Zwischenzeugnis ausstellen zu lassen.
- die Zeugnissprache und den ganzen Stil nicht einmal ansatzweise zu kennen.
- bei der Arbeitszeugniserstellung nicht von sich aus Formulierungshilfe anzubieten.
- sich bei Unzufriedenheit mit dem Arbeitszeugnis nicht gleich zu melden und zu verhandeln.
- Angst vor einer Auseinandersetzung wegen seines Arbeitszeugnisses zu haben und deshalb nichts zu tun.

Für eine 16-jährige Tätigkeit innerhalb eines Betriebes ist dieses Zeugnis viel zu kurz und knapp. Besonders die Tätigkeiten sollten detaillierter beschrieben werden. Leider ist keine Entwicklung innerhalb des Unternehmens festzustellen.

Die Leistungsbeurteilung ist zwar etwas ausführlicher, enthält aber nicht alle wichtigen Aspekte. Es fehlen an dieser Stelle Aussagen über Arbeitsmotivation sowie mögliche Fortbildungen. Erst bei der zusammenfassenden Leistungsbeurteilung erfährt der Leser etwas über das Engagement der Kandidatin. Zwar entspricht dies nicht der sonst üblichen Formulierung, stellt aber eine durchaus positive Wertschätzung dar.

Auch die Verhaltensbeurteilung ist nicht wie sonst üblich ausgedrückt. Das Verhalten gegenüber Vorgesetzten wird nicht angesprochen, was sehr problematisch bei dieser ungeschickten Wortwahl (»tolerant«) ist.

Am Schluss wird ein Bedauern über das Ausscheiden geäußert, die wichtige Dankesformel fehlt jedoch. Wirklich schade!

Zeugnis

Frau Cornelia Denzel, geb. am 26.10.1963, trat am 01.10.1994 als Fremdsprachenkorrespondentin in unser Unternehmen ein.

Sie war für die Exportabteilung als Mitarbeiterin des Leiters tätig. Ihr Aufgabengebiet umfasste die gesamte Korrespondenz mit den afrikanischen und amerikanischen Exportländern, die sie größtenteils selbstständig oder nach kurzen Stichwortangaben ihres Vorgesetzten ausführte. Darüber hinaus war Frau Denzel für die Auftragsabwicklung bis zur Vorbereitung der Zollformalitäten verantwortlich und erledigte allgemeine Sekretariatsaufgaben.

Frau Denzel ist eine gewandte, schnell auffassende und gewissenhafte Mitarbeiterin, die selbstständiges Arbeiten gewohnt ist. Sie bringt sehr gute Kenntnisse in Maschineschreiben und Steno mit. Durch einen mehrjährigen Aufenthalt in Kanada verfügt sie über perfekte Englischkenntnisse und beherrscht auch Französisch weitgehend. Bei allen Arbeiten zeichnete sie sich stets durch großen Fleiß und Genauigkeit aus. Besonders hervorzuheben sind ihre orthografische Sicherheit und ihre Begabung, immer treffend und gut zu formulieren.

Die ihr übertragenen Arbeiten erledigte sie mit Umsicht, großem Eifer und vollem persönlichen Einsatz. Wir waren mit ihren Leistungen jederzeit und ohne Vorbehalt ganz zufrieden.

Wir konnten Frau Denzel über all die Jahre in jeder Situation voll vertrauen. Im Kollegenkreis galt sie stets als tolerante und ausgeglichene Mitarbeiterin.

Zu unserem Bedauern musste das Arbeitsverhältnis mit Frau Denzel wegen innerbetrieblicher Sparmaßnahmen fristgemäß und betriebsbedingt zum 30.09.2010 gekündigt werden.

Für ihren weiteren beruflichen Werdegang wünschen wir ihr alles Gute, viel Glück und Erfolg.

Bochum, 30.09.2010
Leonhard GmbH & Co. KG

G Kowalski
Dr. G. Kowalski
(Personalleiter)

Einschätzung

Ein ansatzweise noch akzeptables Zeugnis. Trotzdem ist es dringend durch eine detailliertere Tätigkeitsbeschreibung und weitere Leistungsmerkmale zu verbessern und zu ergänzen. Ebenso sollte die Verhaltensbeschreibung korrigiert werden. Erst dann ist es gut und für die weitere berufliche Laufbahn als förderlich anzusehen. Noch ein Wort zur Dankesformel: Hierzu ist wichtig zu wissen, dass sich manche Firmen generell weigern, Dank auszusprechen, obwohl er jedem Arbeitnehmer zusteht.

Abschließend folgt das Zeugnis von Herrn Benthin, der als stellvertretender Fachabteilungsleiter gearbeitet hat. Was halten Sie von diesem Zeugnis?

Ausstellungs- und Ausscheidedatum liegen zu weit auseinander.

In der Tätigkeitsbeschreibung sollte an erster Stelle gesagt werden, dass er dem Leiter des Amtes unterstand und ihn ggf. zu vertreten hatte. Die Formulierung »Er sollte insbesondere den Leiter der Fachabteilung Brandschutz unterstützen und zeitweise auch vertreten« sagt nichts darüber aus, ob und wie er dies ausgeführt hat. Die Beschreibung, dass er »teilweise« selbstständig und eigenverantwortlich für die Umsetzung der Brandschutzbestimmung zuständig war, ist eine Geringschätzung. Aus dem Satz »Ihm wurde außerdem ... zugewiesen ...« lässt sich keine Leistung ersehen.

Insgesamt ist die Leistungsbeurteilung viel zu kurz und nicht sehr positiv. Im ersten Satz sollte das Adjektiv »umfassend« durch »fundiert« ersetzt und durch »stets« ergänzt werden. Generell fehlen die adverbialen Bestimmungen der Zeit »stets«, »jederzeit« und »immer«.

Die Formulierung »Wir möchten besonders seine Fähigkeit hervorheben ...« klingt eher unvorteilhaft.

Es fehlen Aussagen über die Führungsfähigkeit, die bei einer derartigen Position genannt werden müssen. Die zusammenfassende Leistungsbeurteilung zeichnet den Kandidaten zwar mit einer sehr guten Beurteilung aus, wird aber durch die anderen Mängel entwertet. Die Verhaltensbeschreibung entspricht trotzdem einem »sehr gut«.

Der Ausscheidensgrund wird nicht genannt, was Anlass zu Spekulationen gibt. Bedauern und Dank werden ausgesprochen, sind sogar sehr wertschätzend. Die Zukunftswünsche fehlen jedoch.

Zeugnis

Leverkusen, 15. September 2010

Herr Michael Benthin, geb. am 11.05.1955 in Gotha, trat am 01.07.2004 als stellvertretender Leiter der Fachabteilung Brandschutz und Öffentliche Sicherheit in das Amt der Stadt Leverkusen ein. Die Vergütung erfolgte nach TVöD/TV-L.

Seit Beginn seiner Beschäftigung im Bereich Brandschutz und Öffentliche Sicherheit war Herr Benthin teilweise selbstständig und eigenverantwortlich für die Umsetzung der Brandschutzbestimmungen in mittleren und Großbetrieben in der Stadt Leverkusen zuständig. Er sollte insbesondere den Leiter der Fachabteilung Brandschutz unterstützen und zeitweise auch vertreten. Darüber hinaus war er für die Weiterentwicklung des Informations- und Kommunikationswesens im Bereich des Feuer- und Katastrophenschutzes sowie im Rettungsdienst verantwortlich. Auch bei Großschadenslagen und Katastrophen fungierte er als technischer Einsatzleiter. Als unmittelbarer Ansprechpartner für die Leiter der Freiwilligen Feuerwehren hat er sich immer für ein gutes und erfolgreiches Miteinander von Berufs- und Freiwilligen Feuerwehren der Stadt Leverkusen eingesetzt. Außerdem sollte er die Abteilung Einsatz, Ausbildung und Organisation (Berufs- und Freiwillige Feuerwehr) leiten. Ihm wurde außerdem die Mitarbeit in überregionalen Gremien zugewiesen und er sollte die Neu- und Umbaumaßnahmen der Feuerwache und der Gerätehäuser in Leverkusen koordinieren.

Herr Benthin verfügt über umfassende Fachkenntnisse als technischer Einsatzleiter bei Großschadensereignissen und Katastrophen. Entscheidungsfreude gepaart mit Verantwortungsbewusstsein und Umsicht zeichnen ihn aus. Wir möchten besonders seine Fähigkeit hervorheben, bei der Durchführung seiner Aufgaben belastbar und zuverlässig zu reagieren.

Herr Benthin hat seine Position stets zu unserer vollsten Zufriedenheit ausgeübt.

Herr Benthin überzeugte fachlich und persönlich. Dies wurde von seinen Vorgesetzten, Kollegen und Mitarbeitern sehr geschätzt.

Auf eigenen Wunsch beendete Herr Benthin zum 31.08.2010 seine Tätigkeit in unserem Amt. Wir danken für die stets sehr gute Zusammenarbeit und bedauern sehr, Herrn Benthin zu verlieren. Für seine Entscheidung, unser Amt zu verlassen, haben wir aber Verständnis.

Amt für Brandschutz und Öffentliche Sicherheit
der Stadt Leverkusen

Horst v. Guthard

Horst von Guthard
(Amtsleiter)

Einschätzung

Dieses Zeugnis ist für eine 6-jährige Beschäftigung in leitender Position zu kurz und kann so nicht akzeptiert werden. Nach Überarbeitung der o.g. Aspekte könnte ein gutes Zeugnis entstehen, das dann für den beruflichen Werdegang des Kandidaten hilfreich wäre.

Auch stilistisch muss sehr vieles verändert werden. Es ist z.B. unvorteilhaft, wenn zu viele Absätze jeweils mit »Herr Benthin« anfangen.

Was Sie bis hierher gelernt haben

Alles ist wichtig bei einem Zeugnis, von der Über- bis zur Unterschrift. Profis schauen sehr schnell nach den entscheidenden und wichtigen Schlüsselmerkmalen:

- Wie lange war der Beurteilte in der Firma und wie ausführlich ist das Zeugnis insgesamt?
- Wer hat unterschrieben und welche Funktion hat der Unterzeichner?
- Wie stehen Ausstellungsdatum des Zeugnisses und Austrittsdatum aus der Firma zueinander?
- Wie sind die letzten beiden Absätze formuliert:
  - Wie klingen die Zukunftswünsche, die Bedauerns-Dankes-Formel?
  - Wie glaubwürdig ist der Beendigungsgrund für das Arbeitsverhältnis und von wem geht dabei die Initiative aus?
- Was sagt die zusammenfassende Leistungs-Zufriedenheitsaussage?
- Wie ist die Verhaltensbeurteilung formuliert?

Erst dann werden ggf. die Aufgaben- und Tätigkeitsbeschreibung genauer gelesen und die einzelnen Leistungsbeurteilungen intensiver angeschaut.

Dabei berücksichtigt der geschulte Leser, um welche Art von Unternehmen (Großkonzern oder Familien-Kleinbetrieb) es sich bei dem Aussteller handelt, wie innerhalb einer Branche (Handwerker schreiben anders als die Banken) Zeugnisse üblicherweise getextet werden und wie professionell der Aussteller die Zeugnissprache beherrscht.

Bei zu großem Zweifel werden andere Kandidaten bevorzugt eingeladen, bei kleinen Unstimmigkeiten fragt der Personalentscheider im Vorstellungsgespräch nach und telefoniert vielleicht sogar mit dem Verfasser des Zeugnisses.

PRAXISBEISPIEL

Zu viel Eigenlob kann wirklich stinken – beim Schreiben des eigenen Zeugnisses lauern Gefahren

Gleich bei meiner Kündigung sagte ich in das überraschte, aber auch enttäuschte Gesicht meines Chefs: »Ich hoffe, ich bekomme trotzdem ein ordentliches Zeugnis von Ihnen …« Nun lagen bis zum offiziellen Arbeitsende noch fast vier Monate vor mir. Am liebsten wäre ich schon deutlich früher gegangen, aber Vertrag blieb Vertrag. Etwa einen Monat vor meinem Austritt erinnerte ich meinen Chef an das Zeugnis. »Wissen Sie, schreiben Sie es sich selbst!«, war seine kühle Reaktion.

Ich sollte mir mein Zeugnis selbst schreiben? Dabei hatte ich keine Ahnung, wie das geht. Mein Chef versprach noch, sich weitestgehend an meinen Entwurf zu halten.

Meine Frau riet mir, in die Bibliothek zu gehen und mir Bücher zum Thema zu besorgen. Ich startete am nächsten Abend im Bett mit der Lektüre und schon nach zwei, drei Seiten war ich eingeschlafen. In dieser Nacht träumte ich ausgesprochen schlecht. So kam ich einem guten Zeugnis kein Stück näher. Und wieder war es meine Frau, die mir entschieden weiterhalf. Ihr gefiel scheinbar das Thema, über das sie sich ausführlich informierte und das ihr keine Albträume bescherte. Sie besprach sich auch mit ihrer besten Freundin, die als Sekretärin häufiger Arbeitszeugnisse tippen muss.

Nach etwa einer Woche kam sie mit einem dreiseitigen Zeugnisentwurf, den ich echt gut fand, weil er sehr viel Lob enthielt und mich insgesamt ziemlich gut dastehen ließ. Gerade deshalb hatte ich wohl ein sehr flaues Gefühl bei dem Gedanken, damit zu meinem Chef zu gehen und sein Einverständnis einzuholen. Ich nahm schließlich all meinen Mut zusammen und wurde mit den Worten »Das sehe ich mir an, Sie hören von mir« gleich wieder hinausgeschickt. Fünf Tage später hatte ich das Zeugnis in der Hand. Fast so wie meine Frau und ihre Freundin sich das ausgedacht hatten. Dass das so reibungslos geht …

Ging es auch nicht. Über meinen Kollegen gab ich das Zeugnis zur Einschätzung an einen mit ihm befreundeten Personalsachbearbeiter, der sich mit Arbeitszeugnissen bestens auskennt. Sein Urteil, das er mir per Telefon mitteilte, war ziemlich niederschmetternd. Ganz klar von einem Laien für sich selbst geschrieben. Eine unerträgliche Lobhudelei, auf die kein Arbeitgeber reinfallen würde – so ungefähr seine Worte. Na gut, bis zum Ausstieg aus der Firma hatte ich noch eine Woche, also musste ich nachverhandeln. Mit der Hilfe des Profis erstellte ich eine verbesserte, realistischere Version. Mein Chef grinste ein wenig, als ich ihn bat, sich diesen überarbeiteten Entwurf anzuschauen …

Sieben überzeugende Zeugnisbeispiele

Nach all den fehlerhaften Zeugnissen möchten wir Ihnen nun sieben gute bis sehr gute Zeugnisse präsentieren. Es sind die Zeugnisse von Holger Schneider, einem Automobilverkäufer, Maria Weddige, die als Haushaltshilfe gearbeitet hat, Annika Gerdes, die ein Praktikum absolvierte, und Jochen Vogt, der als Personalleiter tätig war. Schließlich folgt das Zeugnis von Claudia Rühe, einer Bankkauffrau. Am Ende finden Sie nochmals zweimal zwei Zeugnisse, die wieder die Vorher-nachher-Situation anschaulich widerspiegeln. Dabei geht es um die Beurteilung eines Diplom-Ingenieurs und eines Diplom-Sozialpädagogen.

Auf der CD-ROM haben wir viele weitere Beispiele für Arbeitszeugnisse für Sie zusammengestellt.

Autohaus Petzold

Zeugnis

Herr Holger Schneider, geb. am 02.08.1959 in Frankfurt/Main, war vom 01.01.2008 bis zum 31.12.2009 als Automobilverkäufer in unserer Firma tätig.

Herr Schneider war für ein spezielles Verkaufsgebiet unseres Typensortiments (Nutzfahrzeuge) eigenverantwortlich zuständig. Dabei hat er mit hohem Einsatz unsere Stammkunden gepflegt und sich besonders bei der Akquisition von Neukunden profiliert.
Es ist ihm z. B. gelungen, dass die Norddeutsche Großbäckerei AG ihren Nutzfahrzeugpark auf die Modellreihe der 8- bis 9-Tonner von VW/MAN umgestellt hat. Ferner hat Herr Schneider es geschafft, dass deren Betriebsleitung, die seit Jahrzehnten auf eine schwäbische Automarke eingeschworen war, auf das Flaggschiff aus der VAG-Palette (Audi A8) gewechselt hat.

Wegen seiner ausgezeichneten fachlichen Kenntnisse, verbunden mit einer positiven Einstellung zu seiner Marke VW und der Liebe zum Automobil, schätzten wir Herrn Schneider als wertvollen Mitarbeiter. Er war stets engagiert und aufgeschlossen und führte seine Tätigkeiten immer mit vollem Einsatz erfolgreich aus. Seine Arbeitsqualität war jederzeit weit überdurchschnittlich. Durch eine Weiterbildungsmaßnahme hat er seine Kundenberatung noch optimiert und zu einer erheblichen Umsatzsteigerung beigetragen. So ist der Absatz von Nutzfahrzeugen in den letzten 18 Monaten um 35 % gestiegen.

Herr Schneider erfüllte seine Aufgaben stets zu unserer vollen Zufriedenheit.

Aufgrund seiner kooperativen Haltung war Herr Schneider immer bei Vorgesetzten und Kollegen anerkannt und beliebt. Sein Auftreten gegenüber Kunden war jederzeit makellos und er war als kompetenter und freundlicher Gesprächspartner anerkannt.

Herr Schneider verlässt unsere Firma am Jahresende auf eigenen Wunsch. Wir bedauern dies sehr und wünschen ihm beruflich und persönlich alles Gute und weiterhin viel Erfolg.

Kiel, 31.12.2009

ROBERT PETZOLD
VW-Vertragshändler

Ferdinand Wolters

Ferdinand Wolters
Verkaufsleiter

Autohaus Petzold GmbH
Inhaber: Hanke Petzold

Niebuhrstraße 101 - 103
24118 Kiel
Telefon: 0431 220276

Bank für Gemeinwirtschaft
Konto 11 556 987
BLZ 292 101 11

Zeugnis von Holger Schneider (Kommentar auf Seite 63)

Dr. med. Hans Krüger
In den Marschen 8
29221 Celle

ZWISCHENZEUGNIS

Frau Maria Weddige, geb. am 17.02.1947, ist seit dem 15.04.2002 in unserem Haushalt als Haushaltshilfe tätig.

Zu ihrem Wirkungs- und Verantwortungsbereich gehören folgende Aufgaben, die in unserem Einfamilienhaus mit Fünfpersonenhaushalt anfallen:

- die selbstständige Führung des gesamten Haushalts einschließlich der Haushaltskasse,
- der eigenständige Einkauf der Nahrungsmittel und Haushaltsgegenstände,
- die Zubereitung aller Speisen nach Wochenplan,
- die Planung und Organisation der Vorratshaltung,
- die Reinigung aller Räume des Haushalts,
- die Pflege und Instandhaltung der Wäsche, Kleidung und textilen Wohnausstattung,
- das Arrangieren und Pflegen der Zimmerpflanzen,
- die Versorgung des Hundes.

Frau Weddige arbeitete sich schnell in diese Vertrauensposition ein. Sie zeigt stets großes Engagement und Geschick bei ihrer Arbeit und erledigt ihre Aufgaben jederzeit pflichtbewusst, zuverlässig und gewissenhaft. Frau Weddige überzeugt durch ein sehr gutes Organisationstalent und führt den Haushalt sehr kostenbewusst. Ferner ist sie perfekt in der Reinigung und Pflege des Haushalts. Ihre Kochkenntnisse gehen weit über die normalen Tagesanforderungen hinaus, denn sie hat bei Abendgesellschaften oft die Vorbereitungen und die Ausführung vollkommen selbstständig übernommen. Hervorzuheben sind auch ihr hohes Maß an Verantwortungsbewusstsein sowie ihre Ehrlichkeit.

Auch bei größeren Anforderungen (z. B. Umbauten in unserem Haus) verschlechterte Frau Weddige nicht ihre Arbeitsleistung und zeigte sich jederzeit den erschwerten Bedingungen voll gewachsen.

Frau Weddige führt die ihr übertragenen Aufgaben zu unserer vollsten Zufriedenheit aus.

Sie genießt das Vertrauen unserer gesamten Familie. Aufgrund ihres immer fröhlichen Wesens und ihrer hilfsbereiten Art wird sie von allen Familienmitgliedern sehr geschätzt.

Dieses Zwischenzeugnis wurde auf Wunsch von Frau Weddige erstellt. Das Beschäftigungsverhältnis ist ungekündigt.

Wir danken Frau Weddige für ihre stets sehr guten Leistungen und freuen uns auch weiterhin darüber, sie in unserem Haushalt zu haben.

Celle, 31. August 2010

Frederike Krüger-Busse — Dr. Hans Krüger

Frederike Krüger-Busse — Dr. med. Hans Krüger

Zeugnis von Maria Weddige (Kommentar auf Seite 63)

SENAT VON BERLIN

Senatsverwaltung für Stadtentwicklung, Umweltschutz und Technologie

Am Köllnischen Park 3
10179 Berlin
Tel.: 030 9025-0

Zeugnis

Frau Annika Gerdes, geb. am 30.03.1980 in Schneverdingen, war vom 01.01.2010 bis zum 30.06.2010 als Praktikantin im Rahmen ihres Kunsthistorikstudiums für unsere Behörde tätig.

Sie hat für die Bezirke Mitte und Prenzlauer Berg Stadtteilführungen mit architektonischen, kunst- und kulturhistorischen Themen für spezifische Zielgruppen durchgeführt. Ferner war sie an der Konzeption und Gestaltung von verschiedenen Senatsbroschüren beteiligt. Hierzu zählten die für unsere Reihe „Rundgänge durch Quartiere" geplanten Hefte „Die Hauptstadt. Spaziergänge durch das Regierungsviertel", „Berlin-Mitte", „Friedrichshain und Prenzlauer Berg" und „Theaterrundgang". Für die Broschüre der Ausstellung „Stuck im Berliner Stadtbild", die im Berlin-Pavillon gezeigt wurde, unterstützte sie unsere Arbeit durch wertvolle Recherchen.

Frau Gerdes hat sich das Wissen über die stadtteilgeschichtlichen Themen vollkommen selbstständig und schnell angeeignet. Sie war stets eine motivierte Mitarbeiterin, die mit hohem Engagement bei der Sache war. Bei der Planung und Gestaltung der Broschüren überzeugte Frau Gerdes durch große Kreativität und eigenständige Ideen sowie äußerst sorgfältige und gewissenhafte Recherche. Sie besitzt ein fundiertes kunsthistorisches Wissen, was sie stets erfolgreich und gezielt in ihre Arbeit einzubringen wusste. Bei den Führungen zeigte sie pädagogisches Geschick, denn sie verstand es, die kunst- und kulturhistorischen Themen für die verschiedenen Zielgruppen effektiv umzusetzen. Frau Gerdes erfüllte ihre Aufgaben zu unserer vollsten Zufriedenheit.

Sie war wegen ihrer freundlichen und zuvorkommenden Art stets sehr geschätzt und beliebt bei ihren Vorgesetzten, Kollegen und Teilnehmern.

Das Praktikum endet mit Ablauf der vereinbarten Zeit.

Wir danken Frau Gerdes für ihre erfolgreiche Mitarbeit und wünschen ihr für ihren Studienabschluss sowie für ihre weitere berufliche Laufbahn viel Glück und Erfolg.

Berlin, 31.07.2010

Senatsverwaltung für Stadtentwicklung,
Umweltschutz und Technologie

Erich Wielandt

Zeugnis von Annika Gerdes (Kommentar auf Seite 63)

NAUMANN AG

Vorstand

Zeugnis

Herr Jochen Vogt, geboren am 23.05.1956 in Zweibrücken, trat am 1. April 2004 als Referent für Personalentwicklung der Niederlassung Kassel in unser Unternehmen ein. Vom 1. September 2007 bis zum 30. September 2010 war Herr Vogt als Personalleiter für die Niederlassung Erfurt tätig.

Zu seinen Aufgaben gehörten zunächst die Umsetzung von geplanten Personalentwicklungsmaßnahmen, die Ausarbeitung zeitgemäßer und bedarfsgerechter Personalentwicklungskonzepte sowie die Mitarbeit an weiteren Projekten. Er führte sehr erfolgreich Bedarfsanalysen im Bereich Aus- und Weiterbildung durch und plante mit großer Effektivität entsprechende Maßnahmen. Schon während dieser Zeit war die Arbeit von Herrn Vogt stets von ausgezeichneter Qualität.

Mit Wirkung zum 1. September 2007 wurde Herr Vogt zum verantwortlichen Personalleiter unserer Niederlassung in Erfurt ernannt. Er war dieser für ihn neuen Aufgabe voll gewachsen und arbeitete sich sehr schnell und umfassend in die spezifischen Belange unserer Niederlassung in Erfurt ein. Neben der Leitung der Personalabteilung umfasste der Verantwortungs- und Wirkungsbereich von Herrn Vogt im Wesentlichen folgende Schwerpunktaufgaben: die Beratung von Geschäftsführung, Führungskräften und Mitarbeitern in allen auftretenden Belangen, die Zusammenarbeit mit den betriebsverfassungsrechtlichen Gremien sowie konzeptionelle Aufgaben im Personalressort. Die von ihm geführte Personalabteilung deckte folgende Bereiche der Personalarbeit ab: Personalbeschaffung und -auswahl, Personalbetreuung, -verwaltung, -abrechnung, -entwicklung, Weiterbildung, Führungskräfteförderung sowie Verbandsarbeit.

In seiner Funktion war Herr Vogt leitender Angestellter und berichtete an den Sprecher der Geschäftsführung.

Herr Vogt identifizierte sich sehr stark mit seinen Arbeitsaufgaben und den Unternehmenszielen. Seine Fach- und Leistungskompetenz waren stets und in jeder Hinsicht sehr gut. Er erwarb sich im Laufe seiner Tätigkeit außerordentlich umfassende Kenntnisse im Arbeits- und Betriebsverfassungsrecht, die er auch sehr erfolgreich anzuwenden wusste. Seine Zusammenarbeit mit den betriebsverfassungsrechtlichen Gremien war unternehmenszielorientiert und stets mit der Absicht verknüpft, zwischen den Interessen aller Beteiligten eine jeweils ausgewogene Lösung zu finden. In seiner Verantwortung geschlossene Betriebsvereinbarungen ermöglichten immer einen positiven Handlungsspielraum für das Unternehmen.

Im Laufe seiner Tätigkeit war Herr Vogt für ca. 60 Einstellungen mitverantwortlich. Er führte über 700 Einstellungsgespräche und war maßgeblich an der Einstellungsentscheidung beteiligt.

NAUMANN AG
DONAUSTRASSE 234 | 99089 ERFURT | TEL. 0361 66789-0 | FAX 0361 66789-76
DEUTSCHE BANK | KTO 0 769 976 | BLZ 200 700 00

Zeugnis von Jochen Vogt, erste Seite **(Kommentar auf Seite 63)**

NAUMANN AG

Vorstand

Unter der Verantwortung von Herrn Vogt konnte der notwendig gewordene Personalabbau innerhalb kurzer Zeit in Zusammenarbeit mit den betriebsverfassungsrechtlichen Gremien zeitgerecht und sozial wie menschlich verträglich durchgeführt werden.

Bis heute musste keine dieser Entscheidungen revidiert werden. Im letzten Jahr mussten wir uns wegen einer deutlichen wirtschaftlichen Rezession von fast 10 % unserer Belegschaft trennen.

Herr Vogt ist ein äußerst engagierter, zuverlässiger und aktiver Mitarbeiter, der sich durch Kreativität und Durchsetzungsvermögen auszeichnet. Er zeigte bei seinen Arbeitsaufgaben sehr hohen persönlichen Einsatz und hervorragende Leistungen, sowohl in qualitativer als auch quantitativer Hinsicht. Herr Vogt führte in seiner Personalabteilung acht Mitarbeiter.

Durch seine verbindliche, aber bestimmte Art hatte er ein ausgezeichnetes Verhältnis zu seinen Mitarbeitern. Dies führte zu einem sehr produktiven Arbeits- und Betriebsklima.

Wir waren mit den Leistungen von Herrn Vogt stets außerordentlich zufrieden.

Das Verhalten von Herrn Vogt gegenüber der Unternehmensleitung, seine Integration im Kollegium und sein offener Zugang zu den Mitarbeitern waren jederzeit vorbildlich. Besonders hervorzuheben ist bei ihm seine Fähigkeit, bei diffizilen Entscheidungen den Konsens zu suchen und zu finden.

Herr Vogt verlässt unser Unternehmen am heutigen Tag, um sich beruflich zu verändern. Wir bedauern, in Herrn Vogt eine ausgezeichnete Führungskraft zu verlieren, und danken ihm für die stets vorbildliche Leistung im Bereich Personalwesen. Für seinen weiteren beruflichen Werdegang wünschen wir ihm alles Gute, viel Glück und weiterhin Erfolg.

Erfurt, 30. September 2010

NAUMANN AG

Dr. Reinhard Atteslander   Dr. Thomas Stolpe-Herzog

Dr. Reinhard Atteslander
Geschäftsführung

Dr. Thomas Stolpe-Herzog
Geschäftsführung

NAUMANN AG
DONAUSTRASSE 234 | 99089 ERFURT | TEL. 0361 66789-0 | FAX 0361 66789-76
DEUTSCHE BANK | KTO 0 769 976 | BLZ 200 700 00

Zeugnis von Jochen Vogt, zweite Seite (Kommentar auf Seite 63)

Deutsche Landesbank AG

Alter Markt 24
24103 Kiel
0431 8765445

ZEUGNIS

Frau Claudia Rühe, geboren am 17. Oktober 1980 in Lüneburg, absolvierte in unserem Haus in der Zeit vom 1. September 2003 bis zum 15. Januar 2006 eine Ausbildung zur Bankkauffrau. Hierüber liegt ein gesondertes Zeugnis vor.

Nach erfolgreich abgeschlossener Ausbildung übernahmen wir Frau Rühe in ein unbefristetes Angestelltenverhältnis. Zunächst beschäftigten wir sie über einen Zeitraum von vier Jahren in unserer Zweigstelle Besel (bei Flensburg). Ihr Aufgabenbereich umfasste zuerst die Giro-Disposition und ab Januar 2007 schwerpunktmäßig alle Tätigkeiten am Schalter mit abschließender Beratung sowie Kundenbetreuung im allgemeinen Bankgeschäft. Daneben nahm Frau Rühe Vertretungen in allen Sachbereichen der Zweigstelle sowie interne Kontrollen und Sonderaufgaben wahr.

Ab September 2009 kam Frau Rühe zum Zwecke ihrer weiteren beruflichen Entwicklung im Rahmen ihrer Bezirkspersonalreserve in unserer Hauptbank im klassischen Kreditgeschäft zum Einsatz. Hier wurde sie insbesondere mit der laufnden Überwachung von Engagements, dem Aufbereiten der Unterlagen für Kreditgespräche und -entscheidungen, der Sicherheitenbestellung und -überwachung, Korrespondenzerledigung sowie Gliederung und Analyse von Jahresabschlüssen betraut. Auch die Unterweisung von Auszubildenden in diesem Bereich konnte ihr bedenkenlos übertragen werden.

Frau Rühe hat sich der ihr übertragenen Aufgaben stets mit großem Engagement angenommen und diese zügig und zuverlässig zu unserer vollen Zufriedenheit bewältigt. Neben der Praxis erweiterte sie in bankinternen Seminaren ständig ihr Fachwissen.

Aufgrund ihrer Aufgeschlossenheit und Hilfsbereitschaft wurde Frau Rühe geschätzt. Wegen ihres höflichen, zuvorkommenden Auftretens war sie allseits gern gesehen. Ihre Führung war ohne jeden Tadel.

Mit Ablauf des heutigen Tages scheidet Frau Rühe aus eigenem Entschluss bei uns aus, um ein Studium aufzunehmen.

Wir wünschen ihr für die Zukunft alles Gute und viel Erfolg.

Kiel, 30. Juni 2010

DEUTSCHE LANDESBANK AG
in Kiel

Zeugnis von Claudia Rühe (Kommentar auf S. 64)

GGI **Gustav-Gans-Institut**
Alpenstraße 44 | 81541 München | Tel 089 54378-0 | Fax 089 54378-89

Zeugnis

München, 01.08.2010

Herr Diplom-Ingenieur Dr. Heinz Lange, geboren am 12. Juli 1969 in München, war vom 15. März 2005 bis zum 30. Juni 2010 als wissenschaftlicher Mitarbeiter am Gustav-Gans-Institut für Fördertechnik und Konstruktionsanlagen im Bereich Planungstechnik tätig.
Die Forschungsarbeiten am Gustav-Gans-Institut dienen der Entwicklung zukunftsweisender Technologien, wobei der Institutsbereich Planungswesen sich an einem integrierten Fabrikbetrieb orientiert. Im Vordergrund steht hierbei die Umsetzung neuer Erkenntnisse bei der Lösung industrieller Aufgaben, deren Schwerpunkte in der rechnergestützten Fertigungsplanung und -steuerung, der prototypischen Realisierung und Erprobung von Fertigungsprozessen liegen.

Im Rahmen seiner Forschungstätigkeit führte Herr Dr. Lange zunächst Projekte für industrielle Auftraggeber im Bereich der Montageplanung und Automatisierung eigenverantwortlich und mit großem Engagement durch. Seine an der Praxis orientierten und durch große Fachkompetenz überzeugenden Arbeitsergebnisse erweckten bei den Vertragspartnern stets große Aufmerksamkeit und Anerkennung.

Weitere Forschungsarbeiten von Herrn Dr. Lange konzentrierten sich auf Projekte der Elektro-, Kommunikations-, Flug-, Bahn- und Schiffbaubranche. Dabei konnte er im Rahmen eines BMF-geförderten Projekts zur Humanisierung des Arbeitslebens seine Fähigkeiten zur interdisziplinären Zusammenarbeit überzeugend unter Beweis stellen.
2007 konnten wir Herrn Dr. Lange aufgrund seiner besonderen Verdienste die Leitung einer Forschungsgruppe für Fördertechniksysteme übertragen. Mit vorbildlichem Einsatz führte er seine Mitarbeiter wiederholt zu anerkennenswerten Projektergebnissen. Seine mit Überzeugung vorgetragenen Sachkenntnisse befähigten Herrn Dr. Lange zur erfolgreichen Akquisition verschiedener Projekte mit Partnern aus den Bereichen Industrie und Forschung.

Besonders hervorzuheben ist seine konzeptionelle Planung einer halbautomatischen Schweißanlage für den Flugkörperbau. Seine innovativen Ideen konnten in verschiedenen weiterführenden Projekten mit industriellen Partnern erfolgreich in der Praxis realisiert werden.
In zahlreichen Veröffentlichungen und Vorträgen im In- und Ausland sowie auf Fachkongressen hat Herr Dr. Lange seine wissenschaftlichen Erkenntnisse einer größeren Fachöffentlichkeit vorgestellt und dabei immer große Anerkennung gefunden.

Herr Dr. Lange hat alle ihm übertragenen Aufgaben stets zu unserer vollsten Zufriedenheit ausgeführt und war durch seine hilfsbereite und kooperative Wesensart bei Vorgesetzten und Kollegen gleichermaßen anerkannt und geschätzt. Bei seinen Projektpartnern hat er sich durch Sachlichkeit und Verbindlichkeit hohe Anerkennung erworben.

Herr Dr. Lange verlässt uns auf eigenen Wunsch, um sich neuen Herausforderungen in der industriellen Produktion zu stellen.

Wir danken ihm für sein Engagement, die erbrachten Leistungen und die angenehme Zusammenarbeit. Für seine berufliche und private Zukunft wünschen wir Herrn Dr. Lange alles Gute und weiterhin viel Erfolg.

Gustav-Gans-Institut

Prof. Dr. H.-B. Schimmelpfennig

Prof. Dr. H.-B. Schimmelpfennig – Leiter des Instituts

Zeugnis von Heinz Lange **(Kommentar auf S. 64)**

REHABILITATIONSKLINIK „AM SEE“

SEESTRASSE 21   98617 UNTERHARLES   TEL.: 07625 5439-0

Zeugnis

Herr Claus Ibel, geboren am 18.12.1964, war in der Zeit vom 01.01.2008 bis zum 31.12.2009 ohne Unterbrechung und vollschichtig als Diplom-Sozialpädagoge in unserer Rehabilitationsklinik tätig.

Unsere Klinik hat 250 Betten und behandelt Patienten mit Erkrankungen des Herz-Kreislauf-Systems, der Atemwege sowie mit degenerativ und rheumatisch bedingten Erkrankungen der Bewegungsorgane und führt AHB-Maßnahmen bei Herz-Kreislauf-Erkrankungen durch.

Herr Ibel leitete schwerpunktmäßig Patientengruppen in der progressiven Muskelrelaxation nach JACOBSON an sowie im autogenen Training.

Einen weiteren Schwerpunkt seiner Arbeit stellte die Risikofaktorenproblematik von Patienten mit koronarer Herzerkrankung dar. Im Zuge von Gesundheitstrainingskursen oblag ihm die eigenverantwortliche Leitung eines aktiven Nichtrauchertrainings. Darüber hinaus führte Herr Ibel verhaltens- und gesprächstherapeutisch orientierte Einzel- und Gruppensitzungen bei Patienten mit psychosomatischen Erkrankungen durch.

Mühelos schaffte Herr Ibel das täglich vorgegebene Arbeitspensum. Er ist ein engagiert arbeitender, sehr kompetenter Therapeut, dem es stets gelang, auch mit schwierigen Patienten ein stabiles Vertrauensverhältnis aufzubauen. Die ihm übertragenen Aufgaben erledigte er jederzeit zu unserer vollen Zufriedenheit.

Herr Ibel war immer an den klinikinternen medizinisch und psychotherapeutisch orientierten Fortbildungsveranstaltungen sehr interessiert und nahm erfolgreich daran teil.

Im Umgang mit Vorgesetzten, Kollegen und dem Pflegepersonal zeigte sich Herr Ibel immer kooperativ und freundlich, gegenüber Patienten war er zugewandt und verständnisvoll. Er besaß stets unser vollstes Vertrauen.

Der zeitlich befristete Arbeitsvertrag endet mit dem heutigen Datum und kann leider aus wirtschaftlichen Zwängen nicht verlängert werden. Wir bedanken uns für die angenehme Mitarbeit und wünschen Herrn Ibel für die Zukunft alles Gute, viel Erfolg und Glück.

Unterharles, den 31.12. 2009

Dr. med. H. Nonnenmacher

Dr. med. H. Nonnenmacher
Leitender Arzt

Zeugnis von Claus Ibel (Kommentar auf S. 64)

Kommentar zum Zeugnis von Holger Schneider

Dieses Zeugnis kann als eindeutig gut eingestuft werden. Die Tätigkeitsbeschreibung ist angemessen lang. Sehr gut macht sich, dass die Umsatzsteigerungen genauer erläutert werden. Dadurch ist der besondere Arbeitserfolg des Kandidaten eindeutig.

Die zusammenfassende Leistungsbeurteilung entspricht der Note »gut«.

Insgesamt ist dies ein recht gutes Zeugnis, das den Kandidaten als empfehlenswert beschreibt, selbst wenn einzelne Sätze stilistisch nicht immer gut formuliert sind.

Kommentar zum Zeugnis von Maria Weddige

Ein angemessen langes Zwischenzeugnis bei einer 8-jährigen Beschäftigungszeit. Formal und inhaltlich ist alles in Ordnung. Ausführlichkeit und Wertschätzung sind vorbildlich zum Ausdruck gebracht. Es handelt sich um ein gutes bis sehr gutes Zwischenzeugnis. Die Kandidatin erscheint sehr empfehlenswert. Mit diesem Zeugnis kann sie sich überall bewerben. Es wäre nicht notwendig gewesen, dass Frau und Herr Krüger beide unterschreiben, es stellt aber auch kein Problem dar.

Kommentar zum Zeugnis von Annika Gerdes

Ein sehr gründliches und detailliertes Zeugnis für eine Praktikumszeit von einem halben Jahr. Alle Bestandteile sind erwähnt. Die Leistungsbeurteilung und das Verhalten sind sehr gut beschrieben, die Benotung »zu unserer vollsten Zufriedenheit« entspricht einer guten 2, der Dank und die Zukunftswünsche sogar einem »sehr gut«. Die Daten sind okay. Dass das Ausstell-Datum einen Monat nach Beendigung des Praktikums liegt, ist hier zu vernachlässigen. Aber nur hier! Leider ist die Position des Unterzeichnenden nicht angegeben.

Dieses Zeugnis wird Annika Gerdes für ihren Berufsstart nach Beendigung ihres Studiums sehr nützlich sein.

PRAXISBEISPIEL

Von Chef zu Chef – Erfahrungsaustausch über potenzielle Arbeitnehmer

Der große Vorsitzende – ich hatte mich um eine Leitungsposition bei einer Bank beworben – schaute mich einen kurzen Moment an, blätterte in meinen Bewerbungsunterlagen und zog ein etwas älteres Arbeitszeugnis hervor. Ein gutes, da war ich sicher, die waren schließlich alle durchweg gut oder sogar sehr gut. Dann fragte er in einem merkwürdig skeptischen Tonfall: ›Ach, der Herr Müller war Ihr ehemaliger Vorgesetzter? Mit ihm habe ich neulich gerade ein Seminar gehalten. Was würde mir denn Kollege Müller sagen, wenn ich ihn jetzt anriefe, um mich nach ihnen zu erkundigen?‹«

»Mir wurde heiß und kalt«, berichtete mir mein Klient, mit dem ich das Vorstellungsgespräch ausführlich vorbereitet und intensiv geübt hatte. Und auch ich hatte jetzt eine ungute Vorahnung. »Was soll ich ihnen sagen, ich bin ins Stottern gekommen und habe ungefähr gesagt, dass ich nicht wüsste, ob er sich überhaupt noch an mich erinnern könne, der Herr Dr. Müller, und dass wir damals nicht ganz so glücklich auseinandergegangen sind und überhaupt, äh ... Jedenfalls hatte ich das Gefühl, das war's.

Kommentar von Jürgen Hesse: Ja, das konnte ich mir sehr lebhaft vorstellen. Und seit diesem Erlebnis trainieren wir mit jedem Kandidaten auch solch schwierige Fragen. Meinem Klienten hat es für diesen Job nicht mehr geholfen, aber ein paar Monate später bekam er ein recht gutes Angebot. Heute sitzt er selbst im Chefsessel und stellt Bewerbern gelegentlich auch diese Frage ...

Kommentar zum Zeugnis von Jochen Vogt

Ein ausführliches und sehr gutes Zeugnis mit viel Lob und Wertschätzung, in dem die Entwicklung innerhalb des Betriebes deutlich beschrieben wird. Auch werden alle Zeugnisbestandteile berücksichtigt.

Die Tätigkeitsbeschreibung ist mit der Leistungsbeurteilung im fünften und siebten Absatz vermischt. Es werden aber auch zu allen anderen Aspekten der Leistungsbeurteilung Aussagen getroffen. Sogar das Führungsverhalten wird ausführlich eingeschätzt. Alle Beschreibungen entsprechen einer glaubwürdigen sehr guten Benotung.

Die zusammenfassende Leistungsbeurteilung mit der Note »sehr gut« ist deutlich hervorgehoben. Der Zeugnisabschluss ist ebenfalls sehr lobend, beide Daten (Ausstellungs- und Ausscheidensdatum) sind identisch.

Insgesamt ein außerordentlich gutes Zeugnis mit viel Lob und Wertschätzung.

Kommentar zum Zeugnis von Claudia Rühe

Formal ist fast alles okay, bis auf die Identifikation des Unterzeichners. Alle wichtigen Aspekte werden angesprochen, wenn auch die Leistungsbeurteilung etwas knapp ausfällt. Aber: Haben Sie den Tippfehler entdeckt (3. Absatz, 3. Zeile: »laufnden«)? Peanuts, jedoch korrekturbedürftig. Deshalb achten Sie neben der korrekten Aufgabenbeschreibung und Beurteilung unbedingt auch auf stilistische, grammatikalische und orthografische Korrektheit.

Insgesamt ein ordentliches Zeugnis (nach der ordnungsgemäßen Verbesserung). Für die Bankenbranche ist es trotz der z. T. etwas zurückhaltenden Formulierungen positiv. Einschätzung: Die Kandidatin erscheint empfehlenswert.

PRAXISBEISPIEL

Ohne Ausweis kein Zutritt – das Arbeitszeugnis öffnet Türen

Nach über neun Jahren hatte ich die Nase gestrichen voll, der berühmte Tropfen brachte das (Frust-)Fass zum Überlaufen, und ich legte meinem Chef die Kündigung auf den Tisch. Zugegeben, ich schmiss sie eher und das in Begleitung einiger sehr emotionaler Worte. Anschließend knallte ich die Tür hinter mir zu. Von jetzt auf gleich war ich freigestellt und um Haaresbreite hätten wir anwaltlich die Auflösung des Arbeitsverhältnisses klären müssen, aber alles ging noch einmal glatt. Da ich schnell einen neuen Job fand, machte ich mir auch keine Gedanken, wegen eines Arbeitszeugnisses abschließend noch »bitte, bitte« sagen zu müssen. Ich hatte meinen Stolz. Der neue Job lief anfangs recht gut, doch bereits nach zwei Jahren wusste ich, es ist wieder an der Zeit, etwas Neues zu suchen. Zugegeben, mit fast 48 eine Situation, die mich schon verunsicherte.

Ich ordnete meine Bewerbungsunterlagen neu und stellte nun entsetzt fest, dass ich über einen Zeitraum von beinahe 10 Jahren kein Arbeitszeugnis vorweisen konnte. Meine Bewerbungsbemühungen waren dann auch nicht besonders erfolgreich. Immer wieder wurde ich nach Arbeitszeugnissen gefragt. Als mir der Gedanke kam, mich doch an meinen alten Chef zu wenden, stellte ich fest, dass das Unternehmen gar nicht mehr existierte. Noch hatte ich ja einen Job, aber selbst nach über einem Dreivierteljahr intensiver Jobsuche war ich kein Stück weiter. Wie blöd von mir, dass ich damals ohne Zeugnis gegangen war …

Kommentar zum Zeugnis von Dr. Heinz Lange

Ein formal unauffälliges, angemessen ausführliches Zeugnis mit positivem, glaubwürdigem Abschluss. Hier steht es aus Platzgründen auf nur einer Seite, während in der Realität wohl eineinhalb Seiten Umfang gut gewählt wären.

Unterschrieben vom Institutsleiter, klingt der letzte Absatz freundlich und ehrlich gemeint. Der schnelle Blick nach oben auf das Ausstellungsdatum ergibt eine deutliche Zeitdifferenz (Austritt / Ausstellungsdatum). Der geübte Leser wird einerseits jetzt sehr kritisch und intensiv lesen, der erfahrene Beurteiler weiß aber auch, dass im Wissenschaftsbereich die »Uhren« anders laufen. Eine Zeitdifferenz hat hier nicht dieselbe Bedeutung wie bei einem typisch kommerziellen Arbeitgeber.

Informative, individuell formulierte wichtige Details mit viel Lob und Anerkennung sind Absatz für Absatz zu lesen. Ein deutliches Wohlwollen kommt ganz klar zum Ausdruck, alle wichtigen Zeugnisbestandteile sind berücksichtigt. Entweder soll hier jemand weggelobt werden oder der so Beschriebene ist wirklich gut – könnte der geneigte, aber kritische Leser jetzt denken. Ein Telefonanruf des potenziellen Arbeitgebers beim Zeugnisaussteller würde die letzte Klärung bringen.

Denn: Außer der auffälligen Diskrepanz zwischen Zeitpunkt des Ausscheidens und Zeugnisausstellungsdatum (allerdings im Wissenschaftsbereich nicht unüblich – wie bereits angemerkt) lässt sich nichts Negatives finden.

Fazit: Rundum positiv für den Beurteilten, wenn der Zeugnisaussteller dies auch telefonisch auf Nachfrage bestätigt und das Ausstellungsdatum vielleicht noch auf den 30.06. oder 01.07. korrigiert wird. Einschätzung: sehr gut, hilfreich für weitere Bewerbungen.

Kommentar zum Zeugnis von Claus Ibel

Dieses Zeugnis kann sich sehen lassen. Von der Über- bis zur Unterschrift, der freundlich erklärenden Bedauerns-Dankes-Abschlussformel, dem Grund für die Nicht-Verlängerung bis zu den wichtigen Absätzen nach der Aufgabenbeschreibung – alles klingt sehr freundlich positiv.

Weitere Zeugnistypen

DAS ZWISCHENZEUGNIS

Zwar gibt es zum Zwischenzeugnis keine gesetzlich eindeutige Regelung wie beim Endzeugnis. Im Arbeitsalltag wird aber akzeptiert, dass der Arbeitnehmer bei berechtigtem Interesse einen Anspruch auf ein Zwischenzeugnis hat. Obwohl das Arbeitsverhältnis aktuell weiterbesteht, können Anlässe dafür sein:

- Kündigungsvorhaben des Arbeitnehmers bzw. sicher in Aussicht stehende Beendigung des Arbeitsverhältnisses (z. B. befristeter Arbeitsvertrag oder drohender Konkurs des Unternehmens),
- spezielle Fortbildungs- und Aufstiegspläne,
- Wechsel von Arbeitsplatz, Verantwortungsbereich und/oder Vorgesetztem,
- Unterbrechung des normalen Beschäftigungsverhältnisses auf absehbare Zeit (z. B. Schwangerschaft, Wahl zum Betriebsrat, Einberufung zum Wehr-/Zivildienst, Übernahme eines politischen Mandats usw.).

Mit einem Zwischenzeugnis den Status quo absichern

Was früher in der Schule die Funktion des Halbjahreszeugnisses war, ist im Arbeitsleben in gewisser Weise das Zwischenzeugnis: ein vorzeigbares Dokument mit aktueller Beurteilung von Leistung und Verhalten. Lediglich die automatische Regelmäßigkeit der Zeugniserteilung fehlt.

Andererseits gibt es in vielen Arbeitsbereichen (größere Unternehmen, öffentlicher Dienst) auch regelmäßige Leistungs- und Verhaltensbeurteilungen des Arbeitnehmers in Mitarbeitergesprächen, die in der Personalakte protokolliert werden. Diese Beurteilungen haben jedoch bei einer externen Bewerbung für den Arbeitnehmer keine Beweiskraft, weil sie in der Regel in der Personalakte verbleiben, er also nicht frei darüber verfügen kann. Selbst wenn ein Ergebnis unternehmensintern schriftlich festgehalten wird, ist oftmals weder eine Positions- und Aufgabenbeschreibung noch eine Verhaltensbeurteilung darin enthalten. Hinzu kommt, dass bei der Gestaltung und Formulierung interner Beurteilungen im Unterschied zum Arbeitszeugnis keine Wohlwollenspflicht besteht.

Ein gelegentliches Zwischenzeugnis ist selbst bei einer regelmäßigen firmeninternen Beurteilung für den Arbeitnehmer wünschenswert.

Anlässe

Die folgende Übersicht nennt detailliert die verschiedenen Anlässe für Zwischenzeugnisse[1]:

Bevorstehendes Ende eines Arbeitsverhältnisses
- Kündigung oder abgeschlossener Aufhebungsvertrag
- Auslaufen eines befristeten Arbeitsverhältnisses
- bevorstehender Abschluss oder Abbruch der Ausbildung

Wahrscheinliches oder mögliches Ende eines Arbeitsverhältnisses
- Ankündigen oder In-Aussichtstellen einer Kündigung durch den Arbeitgeber (z. B. bevorstehender Personalabbau, Sozialplan, Betriebsstilllegung, -zusammenlegung oder -verlegung)
- Eröffnung eines Vergleichs- oder Konkursverfahrens
- Beginn von Verhandlungen über einen Aufhebungsvertrag
- absehbares Ende eines längeren befristeten Arbeitsverhältnisses (z. B. bei Beschäftigungsförderungsmaßnahmen)
- Wunsch des Arbeitnehmers, das Unternehmen in absehbarer Zeit zu verlassen (sogenannter Abkehrwille)
- Änderungskündigung
- Freistellung oder Suspendierung
- Beginn eines Überprüfungsprogramms des Personalstandes (z. B. durch Hinzuziehung einer Unternehmensberatung)
- anhaltende wirtschaftliche Krise des Unternehmens oder eines Teils (»rote Zahlen«)
- länger anhaltende Kurzarbeit
- Erhalt einer Abmahnung
- Aufforderung, an einem innerbetrieblichen Personalentwicklungsverfahren (Assessment Center) teilzunehmen
- unklare Aufgaben- und Weiterbeschäftigungssituation in der Endphase eines Großprojektes (z. B. bei Wissenschaftlern, Entwicklern, Projektmanagern)
- Übertragung eines anderen (u. U. weniger bedeutsamen) Arbeits- und Aufgabenbereiches (z. B. bei Vertretern: Verkaufsgebietswechsel)
- Veränderung im Provisions- bzw. Prämiensystem oder der Produktpalette bei Außendienstmitarbeitern
- Nichtberücksichtigung bei allgemeiner, turnusgemäßer Einkommenserhöhung
- Erhalt einer objektiv zu schlechten Regelbeurteilung
- länger andauernde Erkrankung

Inhaltliche Änderung im Arbeitsverhältnis
- interne Stellenbewerbung
- wiederholt erfolglose interne Stellenbewerbungen
- gravierende Veränderungen der Stellenbeschreibung
- technisch-organisatorische Neuerungen mit weitreichenden Konsequenzen für Arbeitsaufgaben und -ablauf
- Versetzung
- längere Vollzeitdelegation in einen anderen Arbeitsbereich (insbesondere wenn die Weiterbeschäftigung im alten Bereich unklar ist)
- Beförderung
- tiefgreifende Neustrukturierung des Unternehmensgefüges bzw. der Verantwortungsbereiche (insbesondere bei hierarchischer Degradierung oder Verkleinerung des Zuständigkeitsbereiches)
- wesentliche Veränderung der Entscheidungsbefugnisse
- Abschluss einer Trainee-Ausbildung oder einer längeren Erprobungsphase
- Vorgesetztenwechsel
- Eigentümerwechsel
- Veränderung der Unternehmens-Rechtsform

Unterbrechungen im Arbeitsverhältnis
- Wehr- oder Zivildienst
- Freistellung für längere Weiterbildung oder Studium
- Erziehungsurlaub
- Entsendung ins Ausland
- längere Vollzeitdelegation in überbetriebliche Arbeitsgemeinschaften, Gemeinschaftsunternehmen, Projekte etc.
- Freistellung für Betriebs- oder Personalratsarbeit
- Übernahme eines politischen Mandats

Sonstige Anlässe
- Nachweis für Weiterbildungen, die eine Berufspraxis voraussetzen
- Vorlage bei Behörden, Gerichten, Banken

Wozu ein Zwischenzeugnis gut ist – Chancen und Gefahren

Das Zwischenzeugnis ist vor allem bei Bewerbungsvorhaben für den Arbeitnehmer hilfreich. Ferner dokumentiert es den Status quo der Arbeitsbeziehung und -zufriedenheit. Dieser Status darf bei einer eventuellen Verschlechterung des »Klimas« nicht rückwirkend nach Belieben des Arbeitgebers negiert werden (»Schließlich bringen Sie schon seit Jahren keine Leistung mehr, Herr Müller, deshalb kriegen Sie von uns auch kein besseres Endzeugnis«).

Juristen sprechen hier von einer »Bindungs- oder Indizwirkung« für das Endzeugnis, wenn das Zwischenzeugnis positiv ausfällt (sogenannter präjudizierender Aspekt). So könnte etwa durch die Verärgerung über die Kündigung des Arbeitnehmers (unbequemer Zeitpunkt, Verlust eines wichtigen Mitarbeiters, befürchteter Wechsel zur Konkurrenz) die Beurteilung des Arbeitgebers am Ende weniger positiv ausfallen als gerechtfertigt. Ein positives Zwischenzeugnis ist daher eine große Hilfe bei der Durchsetzung eines guten Endzeugnisses. Es kann auch eine wichtige Rolle in einer eventuellen Kündigungsschutzklage spielen, wenn es im Gegensatz zu einer personen- oder verhaltensbedingten Kündigung steht.

Auch wenn der Arbeitgeber nicht verpflichtet ist, im Endzeugnis die gleichen Formulierungen wie im Zwischenzeugnis zu verwenden, so müssen gravierende und beweisbare Tatbestände vorliegen, um nach einem guten Zwischen- ein schlechtes Endzeugnis zu rechtfertigen.

Vor diesem Hintergrund scheuen sich manche Unternehmen, ein sehr gutes Zwischenzeugnis auszustellen. Und der eventuelle Weggang eines guten Mitarbeiters soll nicht allzu sehr unterstützt werden.

Auch auf Empfängerseite wird ein positives Zwischenzeugnis in den Bewerbungsunterlagen nicht immer honoriert: bei einer Befragung von Personalfachleuten vertrat die Hälfte von ihnen die Meinung, dass ein Zwischenzeugnis nicht selten als Hinweis zu interpretieren sei, der Bewerber könne Schwierigkeiten an seinem jetzigen Arbeitsplatz haben.[2]

PRAXISBEISPIEL

Zufriedener Zeugnisaussteller – alte Netzwerke nutzen

Für meinen vorletzten Chef habe ich etwa fünf Jahre gerne und auch ganz erfolgreich gearbeitet. Als er die Firma verließ, bat ich vorher um ein Zwischenzeugnis. Das fiel recht gut aus. Mit dem neuen Vorgesetzten gab es leider von Anfang an Probleme. Es war seine erste Führungsposition. Nach anderthalb Jahren reichte es mir und ich bewarb mich. Meinen Bewerbungsunterlagen legte ich das letzte Zwischenzeugnis bei. Dann kam ich auf die Idee, meinen alten Chef anzurufen und ihn zu fragen, ob ich ihn vielleicht auch als Referenzadresse angeben dürfte. Er hat jetzt eine sehr verantwortungsvolle Position in einem bekannten Großunternehmen. Natürlich wollte er zunächst wissen, wie es denn in der alten Firma läuft, was ich für ein Problem hätte und wo ich mich zukünftig sehen würde. Er versprach mir, sich sehr wohlwollend für mich einzusetzen. Bald darauf gelang es mir, einen neuen Job zu erobern. Etwas später erfuhr ich durch meinen jetzigen Vorgesetzten, dass die gute Referenz meines ehemaligen Chefs erheblichen Anteil an der Entscheidung hatte, mir den Job anzubieten.

Lassen Sie sich ein Zwischenzeugnis nicht erst anlässlich einer aktuellen Bewerbung ausstellen, sondern bereits bei unverfänglichen Anlässen wie bei einem Vorgesetztenwechsel, einer Versetzung, einem neuen Aufgabenbereich etc. Dieser konkrete Anlass sollte als Ausstellungsgrund im Zwischenzeugnis enthalten sein, ebenso wie eine Aussage zur Hoffnung auf eine weitere erfolgreiche Zusammenarbeit. Wird ein solches Zwischenzeugnis etwa ein halbes bis ganzes Jahr später von Ihnen zur Bewerbung eingesetzt, laufen Sie keine Gefahr, dass potenzielle Arbeitgeber Ihr Zwischenzeugnis negativ interpretieren.

Gelegentlich wünschen Arbeitnehmer ein Zwischenzeugnis lediglich, um den eigenen Marktwert zu testen, eine Gehaltserhöhung durchzusetzen bzw. um den Arbeitgeber darauf aufmerksam zu machen, dass sie bald kündigen wollen. Bitte tun Sie dies nicht, denn dem Arbeitgeber steht in diesem Fall sogar das Recht zu, Ihnen zu kündigen. Formaljuristisch gesehen wird mit der Bitte nach einem Zwischenzeugnis ein sogenannter Abkehrwillen dokumentiert. Wer wirklich vorhat, seinen Arbeitsplatz zu wechseln, tut gut daran, es Vorgesetzte und Kollegen nicht merken, geschweige denn wissen zu lassen. Ein neuer Arbeitgeber weiß, dass ein Bewerber in ungekündigter Position in der Regel kein Zwischenzeugnis vorweisen kann.

Im Anschluss sehen Sie ein Beispiel für ein gelungenes Zwischenzeugnis.

---

[1] Vgl. Weuster, A.: »Plädoyer für eine Normalisierung des Zwischenzeugnisses«, in: Arbeitsrecht im Betrieb 5/94, S. 280–288

[2] Weuster 1995, S. 70

▶ Büro für Unternehmensstrategie GmbH

Zwischenzeugnis

Frau Hanna Huthmann, geboren am 1. Februar 1969 in Potsdam, trat am 1. September 2008 als Office-Managerin in unser Beratungsunternehmen ein. Ihr Aufgabengebiet umfasst ein vielfältiges Spektrum mit den Schwerpunkten:

- zentrale Anlaufstelle und Telefonzentrale für fünf Büros bundesweit
- telefonische Erstberatung zu unseren diversen Dienstleistungen
- Terminmanagement für unsere Berater
- Auftragsverwaltung und Organisation des Beratungsablaufes
- Buchhaltung mit Rechnungs- und Mahnwesen
- Abstimmung und Monatsabschlüsse mit dem Steuerberater
- Rechnungsein- und -ausgangsbearbeitung
- Schriftverkehr und Bearbeiten ein- und ausgehender Post
- Angebotserstellung und Nachverfolgung
- Datenverwaltung und Pflege von Kundendaten

Schon nach kurzer Einarbeitungszeit bewältigte Frau Huthmann ihre Aufgabe selbstständig und termingerecht. Sie arbeitet sehr zügig und schafft ein relativ großes Arbeitspensum. Ihr Arbeitsstil zeichnet sich weiter aus durch ihre gut ausgeprägte Fähigkeit zur parallelen Aufgabenbewältigung und ihren Sinn für Prioritäten.

Frau Huthmann arbeitet mit den MS-Office-Programmen Word für den Schriftverkehr, Excel für Controlling und Einzelauswertungen und intensiv mit unserer in Outlook angelegten Kundendatenbank sowie dem Buchhaltungsprogramm Lexware. Das Recherchieren im Internet gehört auch zu ihrem üblichen Arbeitsalltag.

Das monatliche Rechnungswesen mit mehreren Hundert Rechnungen und Buchungen organisiert sie immer zeitnah und mit geringstem Umbuchungsbedarf oder Korrekturen. Insgesamt konnten wegen einer guten Zahlungsverfolgung und Mahnbearbeitung der Cashflow erhöht und die Zahlungsausfälle reduziert werden.

Frau Huthmann entspricht in ihren Leistungen unseren Anforderungen und Erwartungen in jeder Hinsicht und erfüllt die ihr gestellten Aufgaben immer zu unserer vollsten Zufriedenheit.

Von Anfang an identifizierte sie sich sehr stark mit ihren Aufgaben und den Unternehmenszielen und eignete sich gute Kenntnisse über das Unternehmensberatungsgeschäft an und entwickelte ein gutes Gespür für Kundenbedürfnisse und die Besonderheiten unserer Klientel. Sie zeigt einen sicheren und verbindlichen Umgang mit Kunden und Beratern. Ihr Verhalten ist jederzeit vorbildlich. Wegen ihrer offenen verbindlichen Wesensart war und ist sie bei Kunden, Vorgesetzten, Beratern und Mitarbeitern gleichermaßen anerkannt und beliebt.

Frau Huthmann erhält auf Wunsch dieses Zwischenzeugnis; wir bedanken uns für die gute und ergebnisreiche Zusammenarbeit und wünschen uns diese auch weiterhin so.

Berlin, 25.07.2009

Büro für Unternehmensstrategie GmbH

Tobias Rüpel

Geschäftsführung

Zwischenzeugnis für eine Office-Managerin

RESTAURANT AM MARKT

Famiele Werner Weber * Marktplatz 1 * 74076 Heilbronn

Vorläufiges Endzeugnis

Herr Max Mohn, geboren am 10. Januar 1981 in München, ist seit dem 1. Oktober 2005 als Koch in unserem Traditionsfamilienrestaurant in Heilbronn am alten Marktplatz tätig.

Zu seinen Aufgaben gehören im Wesentlichen:

- den Bedarf an benötigten Waren unter Berücksichtigung der Kundenwünsche und saisonaler Gegebenheiten festzustellen,
- die für die Küche benötigten Waren unter Beachtung von Preis, Qualität, Frische, Verwendungsmöglichkeiten einzukaufen,
- die Waren fachgerecht einzulagern, die Lagervorräte zu kontrollieren und Verfallsdaten zu überwachen,
- die Speisekarten und Speisepläne zu erstellen,
- die Herstellungs- und Verkaufspreise zu kalkulieren,
- für ein ausgewogenes und abwechslungsreiches Speiseangebot zu sorgen,
- je nach zugeteiltem Posten in der Küche alle warmen und kalten Speisen zuzubereiten mit Schwerpunkt Fleisch und Fischgerichte und Soßen, Beilagen, Suppen und Salate.

Darüber hinaus hat Herr Mohn noch folgende Sonderaufgaben:

- Arbeitsablaufpläne aufzustellen und den Einsatz des Personals zu planen,
- zuarbeitende bzw. unterstellte Mitarbeiter (vor allem das Küchenhilfspersonal) einzuteilen, anzuleiten und zu überwachen,
- für wirtschaftlichen Einsatz von Waren, Geräten und Energie zu sorgen,
- unter betriebswirtschaftlichen Gesichtspunkten ernährungswissenschaftliche Erkenntnisse sowie gesetzliche Vorschriften zu beachten
- Arbeitsmittel und Maschinen zu pflegen, Geräte und Kücheninventar zu reinigen und zu pflegen, vor allem im Hinblick auf hygienische Erfordernisse,
- Küchenabfälle fachgerecht zu beseitigen.

Herr Mohn verfügt über das für seinen Verantwortungsbereich erforderliche breite Fachwissen und bewältigt seine Aufgaben stets sicher und selbstständig. Er zeigt viel Eigeninitiative und Verantwortungsbewusstsein. Mit großem Engagement ist er bei seiner Arbeit und hat sich auch berufsbegleitend erfolgreich weitergebildet.

Arbeitspensum und Arbeitseffizienz sind stets als außerordentlich gut zu bezeichnen. Er ist ein begabter Koch, der sich den wechselnden Beanspruchungen immer voll und ganz gewachsen zeigt und selbst unter enormem Zeitdruck jederzeit in der Lage ist, schnell und qualitätsvoll zu arbeiten. Mit seinen Leistungen sind wir stets voll und ganz zufrieden.

Sein Verhalten gegenüber Vorgesetzten, Kollegen, sonstigen Restaurantmitarbeitern und Dritten, wie Kunden und Lieferanten, ist stets einwandfrei.

Herr Mohn bat uns um dieses Zwischenzeugnis, da wir zu unserem Bedauern ab dem neuen Jahr allein aus wirtschaftlichen Erwägungen auf die Mitarbeit von Herrn Mohn verzichten werden müssen. Wir danken ihm für seine bisherige gute Mitarbeit und wünschen ihm auch weiterhin viel Erfolg auf seinem beruflichen Weg und privat alles Gute.

Heilbronn, 12. November 2009

Werner Weber

Geschäftsführer

Beispiel für ein vorläufiges Endzeugnis (Kommentar auf S. 70)

DAS VORLÄUFIGE ENDZEUGNIS

Nicht selten liegen zwischen dem Aussprechen der Kündigung (egal von welcher Seite) und dem vertragsgemäßen Ende des Arbeitsverhältnisses mehrere Monate. Vielleicht wollen oder müssen Sie sich bewerben, obwohl Sie noch ein halbes Jahr an Ihren jetzigen Arbeitsplatz gebunden sind. In diesen Fällen würde Ihnen nun ein nicht allzu altes Zwischenzeugnis helfen, Ihre Arbeitsleistungen zu dokumentieren. Für so einen Fall gibt es das vorläufige (Arbeits-)Endzeugnis, das Ihnen als Arbeitnehmer bescheinigt, dass Sie so und so gearbeitet haben und wann das Arbeitsverhältnis voraussichtlich enden wird. Damit sieht ein möglicher neuer Arbeitgeber, wie Ihr aktueller Status ist, wie Ihr jetziger Vorgesetzter Ihre Arbeitsleistung und Ihr Sozialverhalten beurteilt.

Der Begriff *vorläufig* bedeutet nichts anderes, als dass das Endzeugnis wahrscheinlich auch so aussehen wird. Falls Sie aber in den letzten Wochen oder gar Monaten ganz schlechte Leistungen zeigen, könnte rein theoretisch Ihr Arbeitszeugnis noch einmal umgetextet werden. In gewisser Weise ist also ein vorläufiges Arbeitsendzeugnis stark vergleichbar mit einem Zwischenzeugnis, das den Status quo beschreibt und bewertet, nur dass in diesem Fall das Ende klar abzusehen ist.

Sicherlich würde man (Ihr Arbeitgeber, die Personalabteilung) ungern ein vorläufiges Endzeugnis für eine Frist von drei oder weniger Monaten ausstellen (Bequemlichkeit, »Aufwand«), aber nicht selten ist die Zeitspanne ja länger, und als Arbeitnehmer braucht man ein solches hilfreiches Dokument.

REFERENZEN UND EMPFEHLUNGSSCHREIBEN

Referenzen und Empfehlungsschreiben sind eine sinnvolle Alternative oder Ergänzung zum Arbeitszeugnis

Immer wieder taucht im Zusammenhang mit Arbeitszeugnissen die Frage auf: Kann mir auch eine Referenz helfen? Und wie muss diese aussehen? Bei einer Referenz geht es darum, dass Sie jemanden benennen, der als Fürsprecher für Sie auftritt und Sie für eine bestimmte Tätigkeit empfiehlt. Das darf natürlich kein naher Verwandter sein, der zwar ganz begeistert von Ihnen ist, ansonsten aber nicht gerade kompetent. Ihr zukünftiger Chef wünscht sich – wenn überhaupt –, jemanden benannt zu bekommen, der selbst vom Fach ist und längere Zeit mit Ihnen zusammengearbeitet hat. Es kann sich deshalb nur um Chefs oder andere Vorgesetzte handeln, in Ausnahmefällen um Personen mit öffentlicher Autorität (vom Bürgermeister bis zum Pfarrer).

Die erste Frage: Kennen Sie solche von Personalfachleuten akzeptierten Personen? Sind Sie sich deren Loyalität Ihnen gegenüber sicher, werden sie positive Auskünfte über Sie erteilen?

Haben Sie Zweifel, ob Sie jemanden um diesen Gefallen bitten können? Es gibt nur ein Mittel, das herauszufinden: Sprechen Sie potenzielle Referenzgeber an und klären Sie, was Sie über sich berichtet haben wollen (egal, ob mündlich oder schriftlich). Falls Sie niemanden finden, ist das nicht weiter tragisch, denn die Bewertung von Referenzen ist keineswegs einhellig. Referenzen werden zum Teil als Imponiergehabe interpretiert und darum häufig nicht als bedeutsame Beurteilungsquelle herangezogen.

Personalchefs, die über einen Bewerber etwas herausfinden möchten, bevorzugen oft ihre eigenen Informationswege. Sie verdächtigen den Bewerber und seine Referenzpersonen der Subjektivität.

Wenn Sie wissen wollen, was Ihr ehemaliger Arbeitgeber von Ihnen hält, gibt es einen Trick. Bitten Sie eine Person Ihres Vertrauens, bei Ihrem letzten Chef anzurufen und lassen Sie diese – getarnt als potenzieller neuer Arbeitgeber – eine Einschätzung Ihrer Person einholen.

Ein ehemaliger Arbeitgeber darf (laut Gesetz) nichts Nachteiliges über ausgeschiedene Mitarbeiter aussagen. Er muss sogar, falls er durch seine negativen Auskünfte eine Beschäftigung des Bewerbers bei einer anderen Firma verhindert, für den Schaden (Verdienstausfall etc.) aufkommen. So ist es zumindest in der Theorie. In der Praxis wird das allerdings nur sehr schwer nachzuweisen sein.

Wie Referenzen bzw. Empfehlungsschreiben aussehen können, sehen Sie hier im Anschluss und auf der CD-ROM.

Referenz

Die Verkäuferin Sabine Schmidt, geborene Klagenfurt, geboren am 15. August 1968, ist mir seit den frühen Achtzigerjahren persönlich bekannt. Sie arbeitete leider nur kurze Zeit in einem unserer Filialgeschäfte in der City, dann heiratete sie und gründete eine Familie. Trotz ihres Ausstieges aus dem Berufsleben hielten meine Frau und ich weiter zu ihr Kontakt, und gelegentlich half Frau Schmidt in einem unserer Fachgeschäfte vertretungshalber aus.

Ich schätze die außerordentliche Liebenswürdigkeit, das immer optimistische Wesen von Frau Schmidt, die durch Ihren besonderen Umgang mit unseren Kundinnen viele Stammkunden für unser Geschäft gewonnen und über eine längere Zeit auch gehalten hat. Frau Schmidt verfügt über sehr fundierte, breite Fachkenntnisse und ist eine absolut vertrauenswürdige Person, der ich auch die Leitung eines Geschäftes mit Personal zutraue. Da ich bedingt durch mein Alter selbst nicht mehr geschäftlich tätig bin, kann ich Frau Schmidt keine ihr angemessene Aufgabe geben, sie jedoch jederzeit bestens als Fachverkäuferin empfehlen.

München, 14. Juli 2010

<<<Unterschrift >>>

Köln, 30.12.10

Herr Manuel Kaufmann bat mich um dieses Empfehlungsschreiben; seinem Wunsch komme ich gerne nach. Ich kenne Herrn Kaufmann seit etwa 15 Jahren und habe seine berufliche Entwicklung immer mit Interesse und Sympathie verfolgt. Seine beruflichen Erfolge, sein Weiterbildungsinteresse und nicht zuletzt sein soziales Engagement bei der Telefonseelsorge beeindrucken mich und zeigen mir, dass Herr Kaufmann ein ganz außerordentlich kluger wie engagierter Mensch ist. Über seine fachliche Kompetenz besteht kein Zweifel, seine vielen Auszeichnungen bestätigen das. Ich stehe gerne auch für ein Telefonat persönlich zur Verfügung und bin mir sicher, dass Herr Kaufmann die in ihn gesetzten Erwartungen zur besten Zufriedenheit erfüllen wird.

<<<Unterschrift>>>

EMPFEHLUNGEN FÜR DAS VERHALTEN NACH DER KÜNDIGUNG

Sie haben gekündigt und wünschen sich verständlicherweise ein Arbeitszeugnis. Sie brauchen es und es steht Ihnen auch ab sofort zu (innerhalb von zwei bis maximal fünf Werktagen). So ein vorläufiges Arbeitszeugnis ist schon eine ganz wichtige Sache! Es soll Ihnen nämlich (so der Gesetzgeber) dazu dienen, rechtzeitig einen neuen Arbeitsplatz zu erobern. Außerdem sehen Sie sofort, in welche Richtung sich sehr wahrscheinlich Ihr End-Arbeitszeugnis inhaltlich entwickeln wird.

Also nach Ihrer Kündigung, die Sie besser mündlich *und* schriftlich (das ist mittlerweile Pflicht) aussprechen, schreiben Sie am besten einen freundlichen kurzen Brief mit der Bitte um ein Zeugnis. Bleiben Sie immer möglichst freundlich und positiv im Sinne: *wie dankbar Sie sind, was Sie alles lernen durften etc.* Ansonsten können verlassene Chefs schon ziemlich gekränkt/sauer reagieren. Falls Ihnen gekündigt wurde, nehmen Sie am besten gleich die Chance wahr und bitten um ein vorläufiges End-Arbeitszeugnis.

Mustervorlagen für Briefe mit der Bitte um Zeugnisse finden Sie auf der CD-ROM.

Und selbst für den Fall, dass Sie gänzlich unglücklich sind über das, was Sie in Ihrem Arbeitszeugnis lesen, haben wir uns Gedanken gemacht und Ihnen einige Formulierungsvorschläge auf der CD-ROM zusammengestellt.

WAS TUN BEIM SUPERGAU?

Sie haben Ihre Arbeitszeugnisse verloren, können nichts vorlegen?

Das macht immer einen denkbar schlechten Eindruck! Jeder Arbeitsplatzanbieter reagiert extrem misstrauisch darauf, selbst wenn er sich nicht die Mühe gemacht hätte, die Zeugnisse im Einzelnen zu lesen. Fehlen diese komplett oder ein, zwei neuere (aus den letzten fünf Jahren), weckt das sein starkes Misstrauen.

Anders ist das natürlich, wenn Sie kein Zeugnis Ihrer jetzigen Arbeitsstelle vorlegen können. Dafür gibt es immer Verständnis. Da brauchen Sie sich keine Gedanken zu machen, aber das Zeugnis davor und das davor, die dürfen nicht fehlen.

Tun sie jetzt aber doch! Was tun?

Sie könnten ein Blatt in Ihre Anlagen einfügen und sich darauf erklären. Das bedeutet, Sie schreiben ein Anlagenverzeichnis, in dem Sie alle wichtigen Unterlagen wie Arbeits- und Ausbildungszeugnisse schön säuberlich auflisten (auch das, was Sie nicht haben!) und legen dann an dieser Stelle Ihr eigenes Blatt mit einer kurzen Erklärung bei (z. B.: »Das Arbeitszeugnis ist verloren gegangen bei ..., die Firma existiert nicht mehr seit ...«)

Sie haben Ihre Arbeitszeugnisse beisammen, aber eins ist so schlecht, dass Ihnen angst und bange wird

In diesem Fall sollten Sie nicht untätig bleiben. Wenn der erste Ärger verflogen ist, können Sie durchaus ein anderes Zeugnis verlangen. Es ist Ihr gutes Recht. Ein Anschreiben könnte etwa so aussehen:

> Sehr geehrte/r Herr/Frau XX,
>
> vielen Dank für das Arbeitszeugnis. Leider muss ich Ihnen mitteilen, dass ich mit der Formulierung einiger Passagen so nicht einverstanden bin. Es entspricht m. E. nicht den Wohlwollensgrundsätzen für Leistungs- und Verhaltensbeurteilung.
>
> Ich bitte Sie deshalb, mein Zeugnis zu überarbeiten und sende Ihnen meine Änderungsvorschläge zu.
>
> In der Hoffnung auf Ihr Verständnis verbleibe ich
> mit besten Grüßen.
>
> <<Ihre Unterschrift>>
>
> Anlage
> Alternativer Formulierungsvorschlag

Einen Fahrplan für den Fall der Fälle und Mustervorlagen für verschiedene Eskalationsstufen bei der Verhandlung um Ihr Arbeitszeugnis finden Sie auf der CD-ROM.

Die 25 wichtigsten Fragen zum Thema Arbeitszeugnis

1. Welche Bedeutung haben Arbeitszeugnisse innerhalb des Bewerbungsprozesses?

Arbeitszeugnisse begleiten uns durch unser ganzes Berufsleben. Sie stellen zwar nur *einen* Bestandteil der gesamten Bewerbungsunterlagen dar. Dieser Teil ist aber einer der wichtigsten schriftlichen Mosaiksteine für eine erfolgreiche Bewerbung, denn Arbeitszeugnisse bilden meistens die einzigen schriftlichen Dokumente für Ihre Leistung und Führung während Ihrer vergangenen »Arbeitsverhältnisse«. Wer einem potenziellen neuen Arbeitgeber nur durchschnittliche, schlechte oder gar keine Arbeitszeugnisse vorlegen kann, hat auf einem immer enger werdenden Arbeitsmarkt sehr schlechte oder keine Chancen. Denn die aufgrund der eingereichten schriftlichen Bewerbungsunterlagen erfolgende Vorauswahl gilt es zunächst einmal zu überstehen, um überhaupt zu einem Vorstellungsgespräch eingeladen zu werden. Ist der Arbeitsplatzanbieter nach einem Vorstellungsgespräch mit Ihnen immer noch unsicher, wie er Sie einschätzen soll, wird er Ihre Arbeitszeugnisse vielleicht noch einmal kritisch unter die Lupe nehmen.

Man kann schließlich auch festhalten, dass der Einfluss und die Bedeutung von Arbeitszeugnissen mit den Anforderungen der Arbeitsaufgaben und der Qualifikation der Bewerber steigen, wenn es um eine bestimmte berufliche Position geht. Kein Bankangestellter, kein Versicherungskaufmann, Vertriebsmitarbeiter oder Angestellter des öffentlichen Dienstes wird seinen Arbeitsplatz wechseln können, ohne dass dem Arbeitgeber Zeugnisse vorgelegt werden müssen bzw. ohne dass dieser Einblick in die Personalakte nimmt. Wie bei der Gaußschen Normalverteilungskurve steigt der Einfluss der Zeugnisse auf die Personalentscheidung an und hat seinen Höhepunkt bei der Auswahl von Führungskräften im mittleren Management, um dann bei den Positionen mit Jahresbruttoeinkommen von etwa 120.000 Euro und mehr wieder deutlich zu fallen. Bei der doppelten Einkommenshöhe, also etwa ab 250.000 Euro p. a., spielen aktuelle Zeugnisse kaum noch eine Rolle. Kein Arbeitnehmer fängt jedoch seine berufliche Karriere in diesen Gehaltsgefilden an, und bevor er dieses Niveau erreicht hat, wurden in der Regel einige Berufsjahre verbracht, in denen er wie andere auch beurteilt worden ist. So ist dann ein kurzer Blick in die Beurteilungsunterlagen, verbunden mit der Frage, wie wurde er denn vor zehn Jahren (und drumherum) eingeschätzt und wie sind die Zeugnisformulierungen gewählt, nicht unüblich. Man hofft, Hinweise auf noch heute vorhandene Verhaltensmerkmale und Wesenszüge zu erhalten.

2. Welchen Zweck haben Arbeitszeugnisse?

Arbeitszeugnisse dienen dem Arbeitnehmer als Nachweis für seine Eignung bei der Bewerbung um eine neue Arbeitsstelle. Neben den anderen Bewerbungsunterlagen wie Anschreiben und Lebenslauf stellen sie das schriftliche Beweismaterial für seine Leistungen und Fähigkeiten sowie sein Verhalten bei vorangegangenen Arbeitsstellen dar. Je nachdem, ob die Zeugnisse gut oder schlecht ausfallen, sind sie für den Arbeitnehmer förderlich oder hinderlich im Laufe seiner beruflichen Laufbahn. Für den Arbeitgeber sind die Zeugnisse eine wichtige Informationsquelle über den möglichen neuen Mitarbeiter. Der potenzielle neue Arbeitgeber untersucht die Qualität und Aussagekraft der Zeugnisse, um daraus Schlüsse über die Eignung des Kandidaten für die zu besetzende Stelle zu ziehen. Beachten sollte man in diesem Zusammenhang aber auch, dass der persönliche Gesamteindruck des Kandidaten entscheidend ist und Zeugnisse nur einen der vielen Mosaiksteine dieses Gesamtbildes darstellen.

3. Was versteht man unter der Wahrheitspflicht?

Oberster und erster Grundsatz für die Zeugnisformulierung ist die Wahrheit der Beurteilung (Bundesarbeitsgericht, Urteil vom 23. Juni 1960, 5 AZR 560/58). Das bedeutet, dass nur Tatsachen, aber keine Behauptungen, Annahmen oder Verdachtsmomente angeführt werden dürfen. Das Zeugnis kann seinen Zweck, Auskunft über die Leistungen, Fähigkeiten und die Führung des Arbeitnehmers zu geben, nur dann erfüllen, wenn sichergestellt ist, dass die Aussagen im Zeugnis der Wahrheit entsprechen.

4. Was versteht man unter der Wohlwollenspflicht?

Bei der Ausstellung eines Zeugnisses gilt neben der Wahrheitspflicht die sogenannte Wohlwollenspflicht. Hiermit ist der wohlwollende Maßstab eines verständnisvollen Arbeitgebers gemeint, der dem Arbeitnehmer das berufliche Fortkommen nicht ungerechtfertigt erschweren darf (Bundesgerichtshof, Urteil vom 26. November 1963, VI ZR 221/62).

Wie schon gesagt, kann die Forderung nach wohlwollender Beurteilung bei gleichzeitiger Wahrheitspflicht einen gewissen Konflikt bedeuten, sodass man in der heute gängigen Arbeitszeugnispraxis qualifizierte Zeugnisse in der Regel positiv formuliert, Negatives wegfallen lässt und massive Probleme verklausuliert.

5. Warum gibt es eine besondere Zeugnissprache und was ist bei dieser zu beachten?

Die für die Formulierung eines Arbeitszeugnisses geltenden Grundsätze der Wahrheit und des Wohlwollens sind bekanntermaßen subjektiv. Angesichts der Tatsache, dass Arbeitgeber heutzutage ein erhöhtes Risiko einer arbeitsgerichtlichen Auseinandersetzung eingehen, wenn sie eine offene, deutlich kritische Beurteilung von Leistung und Verhalten ihres Arbeitnehmers zu Papier bringen, hat sich ein unübersehbarer Trend zu freundlich klingenden Zeugnisfloskeln herauskristallisiert, die jedoch keineswegs wirklich das bedeuten, was sie auf den ersten Blick dem Wortlaut nach auszusagen scheinen. Bei der Durchsicht eines Zeugnisses gilt umso mehr die Frage: Meint der Verfasser, was er schreibt, und schreibt er, was er meint? Die generelle Antwort müsste leider eher »Nein« lauten.

Der Leser eines Zeugnisses steht quasi vor der Aufgabe eines Schriftdeuters, der einen chiffrierten Text – ägyptischen Hieroglyphen vergleichbar – auf die darin verborgene wahre Bedeutung und Botschaft zu untersuchen, zu entschlüsseln und für sich persönlich zu bewerten hat. Dabei muss gleichzeitig analysiert werden, ob der Zeugnisaussteller in der Chiffrierkunst ein Profi ist oder eher ein Laie, der ungeübt, unbeholfen, vielleicht sogar unwissend und ohne jede bewusst böse Absicht mehr oder minder das schreibt, was er meint. Wenn auch unter Arbeitgebern und Personalchefs die offiziell verkündete Meinung herrscht, dass es gar keine geheime überbetriebliche Absprache über die Bedeutung von Zeugnisformulierungen gäbe, so weiß doch jeder Personalfachmann, dass bestimmte Formulierungen andere Botschaften transportieren, als man gemeinhin aus den Worten entnehmen würde.

6. Nach welchen Kriterien wird ein Zeugnis interpretiert?

Bei der Zeugnisanalyse geht es zunächst um den formalen Rahmen, um Angaben über Art und Inhalt Ihrer Tätigkeit, Leistung und Führung, die Einschätzung Ihres Arbeitserfolges, eine Bewertung Ihres interpersonellen betrieblichen Verhaltens, den Kündigungs- bzw. Ausscheidensgrund sowie um einen Gesamteindruck, der sich aus verschiedenen Aspekten zusammensetzt.

Für die Interpretation Ihres Arbeitszeugnisses wird außerdem herangezogen, wie was gesagt oder nicht gesagt, d. h. bewusst weggelassen wird. Bei jedem Arbeitszeugnis stellt sich schließlich die Frage, ob es wirklich in dem Sinne geschrieben wurde, wie es der Leser jetzt liest und interpretiert, und ob sowohl die Schreib- als auch die Lese- und Interpretationsart gerechtfertigt sind.

Schon unsere Schulzeugnisse sollten uns eigentlich gelehrt haben, dass Papier nicht nur geduldig ist, sondern auch alle Beurteilung relativ und subjektiv. Deshalb kann vor einer Selbstüberschätzung im Erstellen und Interpretieren von Zeugnissen nur gewarnt werden. Es liegt nicht nur an der einzelnen Formulierung, die zu einem positiven oder negativen Arbeitszeugnis führt, sondern vielmehr am Gesamteindruck, der sich dem geschulten Leser vermittelt. Statt der Interpretation von einzelnen isolierten Formulierungen müssen immer die Zusammenhänge zwischen den einzelnen Elementen gesehen werden. So wird es den Zeugnisdeuter zum Beispiel nicht sonderlich beeindrucken zu lesen, welche positiven Leistungen ein Mitarbeiter erbracht hat, wenn am Ende des Zeugnisses sein selbstgewählter Fortgang nicht auch bedauert wird (sogenannte Widerspruchstechnik). Und auch die kurze Verweildauer (bis zu zwei Jahren) im Betrieb ist ein deutlicher Hinweis darauf, dass es mit der »verantwortungsvollen Tätigkeit in höchst wichtigen Arbeitsbereichen« nicht weit her war.

7. Wie werden positive und negative Aspekte eines Zeugnisses beschrieben?

Am Beispiel der globalen Leistungsbeurteilung lässt sich schnell und anschaulich verdeutlichen, wie positive Aspekte im Vergleich zu negativen formuliert werden. Betrachten Sie einmal folgende drei unterschiedliche Beschreibungen der Leistung:

- *XY hat die ihm übertragenen Aufgaben stets zu unserer vollsten Zufriedenheit erledigt.*
- *Wir waren mit den Leistungen von XY zufrieden.*
- *XY hat sich bemüht, unseren Erwartungen zu entsprechen.*

Auf die kleinen Wörter kommt es an: Die Beschreibung von Zufriedenheit im Arbeitszeugnis ohne weitere Zusätze attestiert lediglich knapp ausreichende Leistungen. Im Gegensatz zur Schule oder zur Universität kommt man aber mit einem »ausreichend« (ja eigentlich auch schon mit einem »befriedigend«) im Arbeitsleben nicht weiter. Mit anderen Worten: Die Arbeitsleistungen sind gut oder besser oder sie sind schlecht, sprich: Es reicht nicht. Die uns allen bekannte Durchschnittsskala von befriedigend bis ausreichend wird im Arbeitsleben nicht so bewertet und ist eindeutig dem negativen Bewertungspol (unbefriedigend / »untauglich«) zuzuordnen. Somit spiegelt die mittlere Aussage »Wir waren mit den Leistungen von XY zufrieden« eine unbefrie-

GEFAHREN

Die 6 größten Gefahren, die von Arbeitszeugnissen ausgehen können

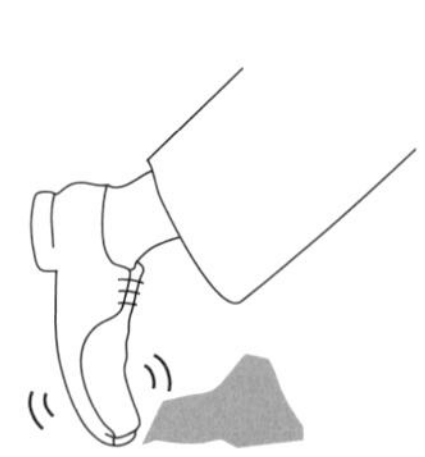

- Naiv davon auszugehen, ein gutes Arbeitszeugnis spreche für, ein schlechtes gegen einen Bewerber.
- Zu denken, was im Arbeitszeugnis steht, sei auch so gemeint.
- Zu meinen, ein Arbeitszeugnis sei doch nur ein Stück Papier.
- Ein schlechtes Arbeitszeugnis als Stolperstein zu unterschätzen.
- Zu glauben, ein sehr gutes Arbeitszeugnis öffne einem leicht alle Türen.
- Sich wegen eines schlechten Arbeitszeugnisses nicht mehr zu bewerben trauen.

digende Wertschätzung der Arbeitsleistung und damit verbunden leider auch der Person des Beurteilten als Arbeitnehmer.

Durch Ergänzung mit dem Adjektiv »voll« oder besser noch »vollst« – einer sprachlichen Steigerung, die grammatikalisch bedenklich ist, sich aber durchgesetzt hat – werden qualifizierte, also bessere Leistungen attestiert. Wichtig: Damit es wirklich »gut« bzw. »sehr gut« bedeutet, bedarf es der Zusätze »stets«, »jederzeit«, »immer« bzw. der Kombination »jederzeit und in jeder Hinsicht« (adverbiale Bestimmungen der Zeit).

Die Formulierungen »... bescheinigen wir XY, dass wir mit seinen Leistungen zufrieden waren ...« oder »... hat XY zufriedenstellend gearbeitet ...« sind Urteile, die sich in ihrer Schlichtheit kaum mehr an der Untergrenze des Akzeptablen bewegen, also bereits eine nicht wirklich ausreichende Leistung attestieren. Insbesondere gilt dies, weil die Formulierung »bescheinigen wir« gewählt wurde, schlimmer noch wäre: »können wir bescheinigen« oder gar »müssen wir bescheinigen«.

Heißt es aber: »XY erledigte die ihm übertragenen Arbeiten im Großen und Ganzen zu unserer Zufriedenheit ...« oder »... wurde XY den ihm übertragenen vielseitigen Aufgaben im Wesentlichen gerecht ...« oder »... entsprachen die Leistungen von XY weitestgehend unseren Erwartungen ...«, werden damit absolut mangelhafte Arbeitsleistungen attestiert.

Die entsprechenden Negativ-Formulierungen stecken in den Zusätzen »im Großen und Ganzen«, »im Wesentlichen«, »teilweise«, »in etwa«. Noch Schlimmeres wird bescheinigt, wenn man zu Umschreibungen greift wie »ist bemüht«, »bestrebt« oder »willens«. Auch die Formulierung »... hatte Gelegenheit, die gestellten Aufgaben zu unserer Zufriedenheit zu erledigen ...« oder »... zeigte für seine Arbeit Verständnis ...« enthalten im Klartext eine krasse Abwertung der Arbeitsleistung und damit ein totales »ungenügend«.

Aussagen über die persönliche Führung, wie z. B. vorbildliches Verhalten, aufgeschlossenes Wesen, Hilfsbereitschaft, sind eigentlich nur mit entsprechendem zeitlichem Zusatz wie »jederzeit« oder »in jeder Hinsicht« sicher positiv zu werten. Wird aber formuliert: »... können wir bestätigen, dass sein Verhalten gegenüber Kollegen und Kunden einwandfrei war ...« oder »... bestätigen wir, dass das persönliche Verhalten von XY einwandfrei war ...« (alternativ: »... gab es zu Beanstandungen keinen Anlass ...«), steckt hier der böskritische Hinweis auf Fehlverhalten in der Tatsache, dass nichts über das Verhalten gegenüber dem Vorgesetzten gesagt wurde. Gemeint ist: Achtung – hier gab/gibt es Probleme. Auch sind die beiden letzten Formulierungen so knapp (insbesondere z. B. der ausdrückliche Hinweis »müssen wir bestätigen«), dass diese die denkbar schlechteste Benotung bedeuten. Aber selbst dabei kann es noch Steigerungsformen geben, z. B. durch den Hinweis »... war im Wesentlichen ...« oder »... gab selten zu Beanstandungen Anlass ...«.

8. Was versteht man unter »beredtem Schweigen« im Zusammenhang mit Zeugnisformulierungen?

Hierunter ist die Kunst des Weg- und Auslassens zu verstehen, die Zeugnisaussteller anwenden, um ihre Unzufriedenheit mit dem zu Beurteilenden zum Ausdruck zu bringen. Folgendes Beispiel einer Leistungs- und Verhaltensbeurteilung soll dies näher erklären:

»... XY war fleißig und ehrlich ... Darüber hinaus verfügt XY über ein bemerkenswertes Bildungsniveau, das ihn stets zu einem interessanten Gesprächspartner machte. Seine Kolleginnen und Kollegen schätzten ihn insbesondere wegen seiner mannigfachen Fähigkeiten und seines humorvollen Wesens. Auch in schwierigen Situationen kam XY seine freundliche Gelassenheit zugute ...«

Dieses vermeintlich wohlwollend-lobend klingende Traktat ist in Wahrheit ein Faustschlag ins Gesicht. Es fängt damit an, dass die – falls überhaupt aufgeführte – eigentlich nur als Trias zu verwendende Aufzählung Ehrlichkeit, Pünktlichkeit und Fleiß hier eine böse Lücke aufweist und damit grobe Unpünktlichkeit und Unzuverlässigkeit signalisiert. In einer etwas anspruchsvolleren Position dürften diese Eigenschaften übrigens überhaupt gar nicht erst auftauchen, weil sie schlicht beschreibungsunwürdig sind, es sei denn, man möchte jemandem schaden. Der »interessante Gesprächspartner« bedeutet in der Interpretation Geschwätzigkeit, das humorvolle Wesen unangenehmer Witzbold und die bescheinigte »freundliche Gelassenheit in schwierigen Situationen« heißt so viel wie: Der Beurteilte leistete passiven Widerstand.

Neben den bereits interpretierten Formulierungen ist in diesem Beispiel für die Deutung ebenso entscheidend, dass die wesentlichen Bestandteile der Leistungsbeurteilung fehlen: die Beschreibung der Arbeitsbereitschaft, -befähigung, -weise, -erfolge, Weiterbildungsmotivation sowie eine zusammenfassende Leistungsbeurteilung. Eine den Regeln entsprechende Verhaltensbeurteilung wird auch nicht angewendet. Stattdessen werden unwichtige persönliche Charaktereigenschaften genannt und das Verhalten gegenüber Kollegen nur im Zusammenhang mit Humor dargestellt. Das Verhalten gegenüber Vorgesetzten bleibt vollkommen unerwähnt. Diese nur sehr unzureichende und fragwürdig formulierte Beurteilung ist schlichtweg ungenügend.

Grundsätzlich lässt sich festhalten, dass Aussagen zu folgenden Zeugnisbestandteilen nicht fehlen dürfen: die genaue Dauer der Beschäftigung, eine umfassende Beschreibung der Tätigkeiten sowie Arbeiten, Problemlösungen etc., die bewältigt wurden, eine Verhaltensbeurteilung inklusive der Beschreibung des Verhaltens gegenüber Vorgesetzten, das Führungsverhalten bei Führungskräften, die Angabe, wer gekündigt hat, und der Grund der Kündigung (ausgenommen der Arbeitnehmer wünscht dies nicht) sowie die Bedauerns-Dankes-Formel mit Zukunftswünschen.

9. Was bedeuten folgende Zeugnisformulierungen für die Arbeitsleistung?

Die nachstehende Liste zeigt verschiedene Formulierungen für die Arbeitsleistung mit den entsprechenden Interpretationen:

… *erledigte alle Arbeiten mit großem Fleiß und Interesse …*
= Eifer ja, aber kein Erfolg.

… *hat alle übertragenen Arbeiten ordnungsgemäß erledigt …*
= ein Bürokrat ohne Eigeninitiative.

… *möchten wir seine Fähigkeit hervorheben, die Aufgaben mit vollem/großem Erfolg zu delegieren …*
= Drückeberger.

… *hat sich im Rahmen seiner Fähigkeiten eingesetzt …*
= äußerst schwache Leistung.

… *zeigte für die Arbeit Verständnis …*
= Faulpelz.

… *hat sich bemüht, den Anforderungen gerecht zu werden …*
= Versager.

… *erledigte die übertragenen Arbeiten mit Fleiß und war stets willens, sie termingerecht zu beenden …*
= absolut mangelhafte Leistungen.

… *hat sich mit großem Eifer an diese Aufgabe herangemacht und war auch erfolgreich …*
= leider dennoch mangelhafte Leistungen.

… *schätzen wir ihn als einen eifrigen Mitarbeiter, der die ihm gemäßen Aufgaben schnell und sicher bewältigen kann …*
= hat leider nichts drauf.

… *müssen wir ihm bescheinigen, dass er sich den ihm übertragenen Aufgaben mit Eifer gewidmet hat …*
= Pechvogel, ohne jeden Erfolg.

… *verfügt über Fachwissen und zeigt ein gesundes Selbstvertrauen …*
= geringe Fachkenntnisse, aber »große Klappe«.

… *hat unserem Unternehmen großes Interesse entgegengebracht …*
= aber nichts geleistet.

… *zeigte er sich den Belastungen gewachsen …*
= die Nerven liegen schnell blank.

… *koordinierte er die Arbeit seiner Mitarbeiter und gab klare Anweisungen …*
= schlechte Führungs- und Vorgesetztenqualität.

… *er erfüllte seine Aufgaben zu unserer Zufriedenheit …*
= mäßige, kaum brauchbare Leistung.

… *er war immer mit Interesse bei der Sache …*
= er hat sich angestrengt, aber nichts geleistet. Man kann ihm nichts vorwerfen, aber auch nichts Großartiges erwarten.

10. Was bedeuten folgende Zeugnisformulierungen für die Verhaltensbeurteilung?

Die folgende Liste zeigt verschiedene Formulierungen der Verhaltensbeurteilung mit den dazugehörigen Bedeutungen:

... *ist ein zuverlässiger/gewissenhafter Mitarbeiter ...*
= er ist da, wenn man ihn braucht, aber keineswegs immer brauchbar.

... *hat nie zu Klagen Anlass gegeben ...*
= kann aber auch nicht gelobt werden.

... *war tüchtig und wusste sich gut zu verkaufen ...*
= ein unangenehmer Mitarbeiter und Zeitgenosse.

... *war wegen seiner Pünktlichkeit stets ein gutes Vorbild ...*
= eine totale Niete.

... *lernten wir ihn als umgänglichen Kollegen kennen ...*
= man sah ihn lieber von hinten als von vorn oder: keine Personalbetreuungs- und Führungsfähigkeiten.

... *war bei unseren Kunden schnell beliebt ...*
= kein Standing bei Kunden.

... *durch seine anpassungsfähige und freundliche Art war er im Unternehmen sehr geschätzt ...*
= hat während der Dienstzeit Probleme mit Alkohol.

... *wann immer Probleme auftraten, zeigte er sich stets kompromissbereit ...*
= zu starke Nachgiebigkeit.

... *trug durch seine Geselligkeit zur Verbesserung des Betriebsklimas bei ...*
= Vorsicht, Alkoholiker!

... *bewies ein umfassendes Einfühlungsvermögen für die Belegschaft ...*
= ist homosexuell veranlagt.

... *bewies stets Einfühlungsvermögen für die Belange der Belegschaft ...*
= Vorsicht, sucht Sexkontakte mit Kollegen bzw. Kolleginnen!

... *galt im Kollegenkreis als toleranter Mitarbeiter ...*
= für seine Vorgesetzten ein harter Brocken.

... *ist mit seinem Vorgesetzten gut zurechtgekommen ...*
= ein Mitläufer, der sich gut zu verkaufen weiß.

... *ist sowohl innerhalb als auch außerhalb unseres Betriebes engagiert für die Interessen der Kollegen/Arbeitnehmer eingetreten ...*
= Vorsicht, Betriebsratsmitglied/gewerkschaftliches Engagement!

... *verstand er es stets, seine Interessen in unserem Unternehmen durchzusetzen ...*
= unangenehmer, kompromissunfähiger Typ.

11. Was bedeuten folgende Zeugnisformulierungen für die Beendigung des Arbeitsverhältnisses?

Hinter den nachstehenden Formulierungen des Zeugnisabschlusses verbergen sich folgende Interpretationen:

... *haben wir uns im gegenseitigen Einvernehmen getrennt ...*
= dem Arbeitnehmer musste das Ausscheiden nahegelegt werden, sonst wäre ihm gekündigt worden.

... *unsere besten Wünsche begleiten ihn ... / ... wünschen ihm für die Zukunft alles nur erdenklich Gute ... / ... wir wünschen ihm alles Gute, vor allem Gesundheit ...*
= Entwertung des Zeugnisses durch ironische Schlussformulierungen. Achtung, Gesundheitsprobleme!

... *für seine Mitarbeit bedanken wir uns ...*
= ... und tschüs!

... *wünschen wir ihm für den weiteren Weg in einem anderen Unternehmen viel Erfolg ...*
= bloß gut, dass wir ihn endlich los sind!

... *wünschen wir ihm, dass er zukünftig auf seinem Berufs- und Lebensweg viel Erfolg hat ...*
= bei uns hatte er ihn leider nicht.

12. Welches sind die wichtigsten Methoden der Zeugnis-Verschlüsselung?

Auf den Punkt gebracht umfasst die Zeugnis-Verschlüsselung folgende Methoden:

- Wichtige und notwendige Zeugnisinhalte fehlen bzw. werden bewusst weggelassen (Stichwort »beredtes Schweigen«).
- Selbstverständliches wird über Gebühr betont.
- Entwertungen werden durch die Reihenfolge signalisiert, indem Unwichtiges vor Wichtigem genannt wird.
- Einschränkungen räumlicher oder zeitlicher Art bringen eine Geringschätzung zum Ausdruck.
- Mehrdeutigkeiten werden bewusst eingesetzt, um negative Vorkommnisse oder Eigenschaften anzudeuten.
- Der Einsatz des Stilmittels Verneinung bedeutet in der Regel das Gegenteil des Gesagten.
- Die häufige Verwendung der Passivform soll auf mangelnde Aktivität und Eigeninitiative aufmerksam machen.
- Die lediglich kurze, knappe Würdigung oder Abhandlung einzelner inhaltlicher Punkte dokumentiert eine Geringschätzung.
- Fast karikierende Übertreibung und Ironie sind deutliche Warnsignale in Richtung massiv fehlender Wertschätzung bzw. Entwertung des gesamten Zeugnisses.

LERNTEST

Lerntest: Was bedeutet das im Klartext?

In dieser Trainingsmappe präsentieren wir Ihnen immer wieder Auszüge aus Arbeitszeugnissen. Ihre Aufgabe ist es, die Formulierung zu interpretieren. Also: »Was bedeutet das im Klartext?« Kreuzen Sie dazu die richtige Interpretation an. Ob Sie richtig liegen, erfahren Sie jeweils im nächsten Lerntest.

Den ersten Lerntest finden Sie auf Seite 80.

13. Was versteht man unter dem Ganzheitscharakter eines Zeugnisses?

Hiermit ist gemeint, dass Sie ein Zeugnis immer in seiner Gesamtheit betrachten bzw. interpretieren müssen. Es dürfen möglichst keine Widersprüche vorkommen. Auch der Schreiber sollte dies immer vor Augen haben, wenn er das Zeugnis verfasst. Die einzelnen Bestandteile des Zeugnisses müssen aufeinander abgestimmt sein und sich zu einer Gesamtkomposition zusammenfügen. Ist beispielsweise die Beschreibung der Tätigkeiten sehr positiv und umfassend ausgefallen, die zusammenfassende Leistungsbeurteilung ganz ordentlich, aber die Reihenfolge bei der Verhaltensbeurteilung nicht korrekt und fehlen Zukunftswünsche am Schluss, werden die vorherigen positiven Merkmale wieder deutlich entwertet. Es ergibt sich kein positives Gesamtbild mehr. Natürlich kann dies vom Zeugnisschreiber absichtlich so angelegt sein, damit sachkundige Leser erkennen, dass der Empfänger gegenüber dem Vorgesetzten aufmüpfig oder ein eher unliebsamer Mitarbeiter war, den man trotz sonst guter Leistung lieber loswerden möchte.

Neben oben beschriebenen Widersprüchlichkeiten ist auch auf formale Kriterien, Fehlendes oder Überflüssiges im gesamten Zeugnis zu achten. Erst wenn alle Bestandteile ein positives Gesamtbild ergeben, haben wir es mit einem positiven Zeugnis zu tun.

14. Woran erkennen Sie ein gutes Zeugnis?

Für ein gutes Zeugnis sollten zunächst einmal alle formalen Standards erfüllt sein. Ferner müssen im Zeugnis alle wesentlichen Bestandteile enthalten sein. Der Umfang des Zeugnisses sollte der Beschäftigungszeit entsprechen und die Position des Unterzeichners klar erkennbar sein (möglichst der Personalchef oder Geschäftsführer des Unternehmens). Das Datum darf nicht mehr als ein, zwei Tage vom Austrittsdatum aus dem Betrieb entfernt sein, am besten ist es mit diesem identisch.

Wenn neben diesen formalen Kriterien die Tätigkeiten, Fertigkeiten und Kenntnisse sowie das Verhalten entsprechend glaubwürdig positiv beschrieben werden und insgesamt einen guten

LERNTEST

1. Lerntest: Was bedeutet das im Klartext?

»Wir haben Herrn Stöhr als einen Mitarbeiter kennengelernt, der stets seine Arbeitsleistung zur Zufriedenheit seiner Vorgesetzten erbracht hat und dessen Verhalten auch nie Anlass zu Klagen gab.«

a) guter Mitarbeiter
b) kein guter Mitarbeiter
c) eher mittelmäßiger Mitarbeiter
d) kann man so nicht beurteilen

Die richtige Lösung finden Sie im nächsten Lerntest auf Seite 83.

Gesamteindruck vermitteln, handelt es sich um ein gutes Zeugnis. Hierbei ist zu berücksichtigen, dass bei längerer Zugehörigkeit zu einem Unternehmen auch die Entwicklung innerhalb des Betriebes zu schildern ist. Ein Zeugnis kann auch dann als gut angesehen werden, wenn es Ihre besonderen Stärken und Fähigkeiten deutlich zum Ausdruck bringt. Es sollten keine Widersprüche im Zeugnis vorkommen, sondern alle Angaben eindeutig und stimmig sein. Sobald einzelne Aspekte durch bestimmte verschlüsselte Formulierungen geschildert werden – wie z. B. häufige Passivkonstruktionen oder Verneinungen als Stilmittel –, kann der sonst gute Gesamteindruck ins Wanken geraten und beim Leser zu Recht Zweifel aufkommen lassen, ob der Kandidat des vorliegenden Zeugnisses wirklich gute Arbeit geleistet hat.

Insgesamt möchten wir betonen, dass ein Superzeugnis nicht unweigerlich als ein gutes Zeugnis anzusehen ist. Wird der Kandidat über den grünen Klee gelobt und klingt alles zu positiv, ist dies auch irgendwie »verdächtig«. Hier kann der Eindruck entstehen, dass irgendetwas nicht stimmt. Am besten ist es, wenn Sie ein zweifelloses, dem formalen Standard entsprechendes, gutes Zeugnis vorweisen können.

15. Woran erkennen Sie ein schlechtes Zeugnis?

Ein Zeugnis kann aus verschiedenen Gründen als schlecht angesehen werden. Zum einen ist es allein schon dann schlecht, wenn es nicht den formalen Standards entspricht. Wenn es beispielsweise nicht auf dem Geschäftspapier des Unternehmens geschrieben ist, falsche Daten, grammatikalische oder Rechtschreibfehler enthält oder gar in geknickter Form vorliegt.

Ein anderer Grund kann das Fehlen von einer oder mehreren wichtigen Zeugniskomponenten sein. Werden am Schluss eines Zeugnisses z. B. keine Zukunftswünsche angeführt, ist nicht genannt, von wann bis wann der Zeugnisempfänger in welcher Position war, oder fehlt die zusammenfassende Leistungsbeurteilung, kann das Zeugnis nur als schlecht angesehen werden.

Wenn bei der Aufgabenbeschreibung unwichtige oder zeitlich begrenzte Tätigkeiten besonders hervorgehoben werden und die Reihenfolge der aufgelisteten Arbeiten nicht der Wichtigkeit dieser Tätigkeiten entspricht, sind dies auch deutliche Kriterien für ein weniger gutes bis schlechtes Zeugnis.

Kommen im Zeugnis verschlüsselte Formulierungen vor, die Zweifel an der Leistung des Zeugnisempfängers aufkommen lassen, ist das für den Beurteilten katastrophal.

Entscheidend für ein schlechtes Zeugnis ist allerdings immer auch das Gesamtbild. Ein einzelner Aspekt kann auch mal nicht so gut ausfallen, wenn das Zeugnis trotzdem insgesamt einen positiven Eindruck hinterlässt, ist dies schon noch akzeptabel. Wenn aber mehrere negative Komponenten zum Tragen kommen und ganz elementare Aspekte fehlen oder so beschrieben wurden, dass sie eindeutig als negativ zu interpretieren sind, haben wir es mit einem schlechten Zeugnis zu tun.

16. Was sind die häufigsten Gründe für ein gutes Zeugnis?

Als Gründe für ein besonders gutes, wohlwollend klingendes Zeugnis lassen sich folgende Aspekte anführen:

- Leistung und Gesamtverhalten des Arbeitnehmers sind wirklich gut und der Arbeitgeber will seine Zufriedenheit darüber zum Ausdruck bringen.
- Der Arbeitgeber ist mit Leistung und Gesamtverhalten des Arbeitnehmers unzufrieden und möchte das Arbeitsverhältnis beenden, hat aber keine ausreichenden Gründe für eine Kündigung. Bei den Gesprächen über eine Trennung in beiderseitigem Einvernehmen wird ein positives Arbeitszeugnis vereinbart (Stichwort »Wegloben«).

- Der Arbeitnehmer durfte sich – aus welchen Gründen auch immer – sein Zeugnis selbst schreiben und hat dieses mithilfe der einschlägigen Literatur professionell gestaltet.
- Ein zunächst ausgehändigtes weniger positives Zeugnis war Anlass für den Arbeitnehmer, vor das Arbeitsgericht zu ziehen bzw. mit einer Klage zu drohen. Daraufhin hat der Arbeitgeber das Zeugnis positiv umgestaltet.
- Aus allein betriebsbedingten Gründen muss dem Arbeitnehmer – auch zum Bedauern des Arbeitgebers – gekündigt werden und er fühlt sich moralisch verpflichtet, die Arbeitsplatzsuche seines (ehemaligen) Arbeitnehmers zu unterstützen.
- Der Zeugnisaussteller fühlt sich über Gebühr an die Wohlwollenspflicht gebunden, jedenfalls deutlich mehr als an den Wahrheitsgrundsatz.

17. Welche Gründe gibt es für ein schlechtes Zeugnis?

Weniger wohlwollende Zeugnisse können zum Beispiel aufgrund folgender Motive formuliert worden sein:

- Objektiv gesehen hat der Arbeitnehmer wirklich nicht gerade »glänzende« Leistungen erbracht.
- Ein extrem hoher Beurteilungsmaßstab sowie ausgesprochene Strenge aufseiten des Arbeitgebers führen zu einer Verzerrung und damit negativen Beurteilung.
- Aus pädagogischen Erwägungen für die im Betrieb verbleibenden Arbeitnehmer formuliert der Arbeitgeber negativ, damit die Mitarbeiter sehen, dass nur wirklich gute Leistungen im Zeugnis »belohnt« werden (keine Gefälligkeitszeugnisse).
- Aus kollegialer Verpflichtung (bzw. »Korpsgeist«) dem neuen Arbeitgeber gegenüber soll dieser eine zuverlässige, kritisch würdigende Beurteilungsgrundlage erhalten (»Der muss wissen, was mit diesem Bewerber auf ihn zukommt!«).
- Subjektive Antipathiefaktoren aufseiten des Beurteilers spielen eine Rolle. Man hatte nie die gleiche Wellenlänge bis hin zu ausgeprägteren Konkurrenz- und Neidgefühlen. Der Geselle war evtl. besser als der Meister.
- Motiv Rache: aus Enttäuschung über den Weggang des Arbeitnehmers (den man doch z. B. gerade noch auf eine Fortbildung geschickt hatte).
- Das Image des Unternehmens (bezogen auf Ansprüche, »Standards«) soll nach außen hin durch ein strenges Zeugnis dokumentiert werden.
- Aus (evtl. neurotisch, d. h. paranoid getönter) Sorge vor etwaigen Schadenersatzansprüchen des neuen Arbeitgebers.
- Mangelhafte Kenntnisse über die professionelle Erstellung von Zeugnissen färben den Gesamteindruck oder einzelne Formulierungen negativ oder zumindest widersprüchlich. Dies kann für Arbeitgeber ebenso gelten wie für Arbeitnehmer, die ihr Zeugnis selbst schreiben dürfen, aber die Regeln nicht beherrschen.

18. Wie können Sie Ihre Interessen erfolgreich durchsetzen, wenn Sie ein Zeugnis beantragen?

Um Ihre Interessen effektiv durchsetzen zu können, müssen Sie sich zunächst gründlich mit dem Thema Arbeitszeugnisse auseinandersetzen. Ein Arbeitszeugnis ist eine wichtige, wirklich ernst zu nehmende Angelegenheit. Unterschätzen Sie seine Bedeutung nicht und nehmen Sie sich Zeit dafür. Es ist ratsam, dass Sie sich die wichtigsten Kenntnisse über die formalen Kriterien und Bestandteile eines Zeugnisses aneignen. Ferner sollten Sie wissen, wie ein Zeugnis formuliert sein sollte und was sich hinter bestimmten Aussagen verbirgt. Sie müssen wissen, welche Botschaft bei einem Zeugnis zwischen den Zeilen stehen kann, damit Sie das Ihnen ausgestellte Zeugnis auch halbwegs selbst interpretieren können.

Verzichten Sie niemals auf Ihr Recht, ein Zeugnis zu verlangen, auch wenn Sie nur für eine kurze Zeit beschäftigt waren. Achten Sie darauf, dass Sie den Arbeitgeber rechtzeitig um ein Zeugnis bitten, damit dieser noch genügend Zeit dafür hat bis zu Ihrem Ausscheiden aus der Firma. Weil Sie den Wert, aber auch die Schwierigkeiten beim Erstellen von Zeugnissen kennen, nehmen Sie bei einer einvernehmlichen Beendigung des Arbeitsverhältnisses per Auflösungsvertrag Ihren Zeugniswunsch so konkret wie möglich in die Verhandlung mit auf. Am besten geschieht dies bereits ausformuliert als Anlage zu der getroffenen Auflösungsvereinbarung. Eine bloße Absichtserklärung, Sie würden ein positives Zeugnis zu einem bestimmten Zeitpunkt erhalten, kann jede Menge (unangenehme) Überraschungen bergen.

Bei einer normalen Kündigung sollten Sie bereits unmittelbar zum Mitteilungszeitpunkt ein sogenanntes vorläufiges Zeugnis durchsetzen. Hieran sehen Sie schnell die Beurteilungstendenz und haben jetzt eine bessere Ausgangssituation, über Inhalt und Formulierung des endgültigen Arbeitszeugnisses zu verhandeln, als nach Ausscheiden aus dem Unternehmen. Es ist sehr zu empfehlen, dass Sie immer die Bereitschaft signalisieren, an der Formulierung eines Zeugnisses mitzuwirken. Sie sollten in der Lage sein, Ihren Aufgabenbereich und Ihre Leistungen angemessen schriftlich darzustellen bzw. die wichtigsten Stichworte zu liefern.

Noch besser ist es, sich selbst aktiv zu beteiligen, indem Sie dem Arbeitgeber anbieten, einen ausformulierten Zeugnisentwurf einzureichen.

19. Wie sollten Sie sich verhalten, wenn Sie mit dem Zeugnis nicht einverstanden sind?

Wenn Sie ein Zeugnis erhalten, bei dem Sie sofort sehen, dass Sie mit einigen Punkten nicht einverstanden sind, sollten Sie auf keinen Fall direkt bei der Entgegennahme heftig oder gar ausfallend reagieren. Lesen Sie sich das Zeugnis auf jeden Fall zu Hause noch einmal gründlich und ruhig durch.

Wenn Sie sich bei einzelnen Aspekten in Ihrer Interpretation nicht ganz sicher sind, diskutieren Sie mit Freunden darüber. Sind Sie sich danach aber immer noch nicht im Klaren und sind immer noch Fragen offen, wenden Sie sich an einen Fachmann und hören Sie sich seinen Rat an.

Bitten Sie Ihren Vorgesetzten um ein Gespräch und bereiten Sie dieses sehr gut vor. Notieren Sie sich die Aspekte, die Sie kritisieren möchten, und überlegen Sie sich genau, wie Sie argumentieren wollen. Bleiben Sie immer sachlich, wenn Sie die Kritikpunkte vorbringen, und gehen Sie mit Ihrem Vorgesetzten die einzelnen Punkte ruhig durch. Am besten ist es, wenn Sie Ihrem Arbeitgeber dabei gleich Änderungsvorschläge präsentieren, die Sie auch begründen können. Mit konkreten Vorschlägen Ihrerseits lässt es sich besser argumentieren.

Sollte es schwierig sein, mit Ihrem direkten Vorgesetzten über Ihre Änderungen und Vorschläge zu sprechen, versuchen Sie es mit einem anderen Vorgesetzten, der Sie vielleicht auch kennt. Lassen Sie nichts unversucht, sich erst einmal gütlich zu einigen. Wenn ein Betriebsrat im Unternehmen vorhanden ist, schalten Sie ihn ebenfalls ein, denn er kann Sie auch unterstützen.

Erst wenn diese Möglichkeiten nicht zu einer Lösung der Einschätzungs- und Beurteilungsdifferenzen führen und Sie in Ihrem Bemühen, einen tragfähigen Kompromiss zu finden, wirklich nicht weiterkommen, sollten Sie juristische Schritte erwägen.

PRAXISBEISPIEL

Den Glauben verloren: Das hält ein Arbeitgeber vom Arbeitszeugnis

Ich bin Inhaber eines kleinen Betriebes in der Reinigungsbranche. Wir beschäftigen zwischen 20 und 30 Mitarbeiter. Die Fluktuation ist in unserem Laden nicht so hoch wie bei anderen Betrieben dieser Art. Wenn ich bei der Personalauswahl etwas gelernt habe, dann das: Auf ein Arbeitszeugnis kann ich mich als potenzieller Chef überhaupt nicht verlassen. Viele Bewerber, die bei uns vorsprechen, haben auch gar keins, vielleicht etwa die Hälfte. Wenn dann einer mal mit einem guten Arbeitszeugnis kommt, bin ich eher skeptisch. Zu groß waren schon die Enttäuschungen. Nur bei einem deutlich schlechten Arbeitszeugnis frage ich bei der Bewerberin nach. Manche scheinen aus allen Wolken zu fallen und geben vor, nichts davon gewusst zu haben. Ein Anruf beim Verfasser kann dann schon sehr hilfreich sein. Wir selbst haben etwa fünf Standard-Zeugnistexte. Wenn einer geht, bekommt er natürlich ein Arbeitszeugnis. In der Regel entspricht es aber ziemlich wenig der Arbeitsalltagserfahrung, die wir mit dem Betreffenden gemacht haben.

20. Was sind die hässlichsten Gemeinheiten, die man Ihnen als Zeugnisempfänger antun kann?

Zu den hässlichsten Gemeinheiten gehört, dass Sie wegen subjektiver Antipathie vonseiten des Beurteilers ein schlechtes Zeugnis bekommen, das Ihren Leistungen nicht gerecht wird. Gründe hierfür liegen meistens in der Persönlichkeit des Arbeitgebers, der durch ausgesprochene Konkurrenz- und Neidgefühle dem Arbeitnehmer kein gutes Zeugnis gönnt und Ihnen nun in seiner Machtposition als Vorgesetzter aus Rache ein schlechtes Zeugnis ausstellt. Schwierig ist es dann für den Zeugnisempfänger, in einem Gespräch darzulegen und zu beweisen, warum er welche Tätigkeiten und Leistungen anders beschrieben und bewertet haben möchte.

Besonders gemein ist es, wenn der Zeugnisempfänger um ein Gespräch bittet, in dem er Vorschläge zur Veränderung des Zeugnisses vorbringen möchte, ihm aber nicht einmal Gelegenheit dazu gewährt wird. Möglicherweise hat der Beurteilende wenig Kenntnisse über die Ausstellung eines Zeugnisses, will sich keine Blöße geben oder kann generell keine Kritik vertragen – schon gar nicht von einer ihm unterstellten Person.

Noch schwieriger ist es, wenn es sich um einen sehr kleinen Betrieb handelt, in dem keine anderen Vorgesetzten bzw. Gesprächspartner infrage kommen und der ausscheidende Arbeitnehmer vollkommen auf jenen einen Arbeitgeber und Zeugnisaussteller angewiesen ist.

Arbeitnehmer in kleinen Betrieben sind auch dadurch benachteiligt, dass sie keinen Personal- oder Betriebsrat mit beratender Funktion zur Verfügung haben. Es ist verständlich, dass sich in diesem Fall beim Zeugnisempfänger ein Gefühl der absoluten Machtlosigkeit einstellt. Will der Arbeitnehmer seine Interessen dennoch wahrnehmen und bleiben alle Versuche der gütlichen Einigung ohne Erfolg, hilft nur noch die Klage vor dem Arbeitsgericht.

LERNTEST

2. Lerntest: Was bedeutet das im Klartext?

»Das Arbeitsverhältnis mit Herrn Schnauf endet betriebsbedingt fristgemäß mit dem heutigen Tage infolge der aktuellen weltweiten Konjunkturabschwächung. Wir bedauern diese Entwicklung und sein Ausscheiden sehr und bedanken uns für die langjährige Mitarbeit, seine stets sehr guten Leistungen und das angenehme Miteinander. Für seinen zukünftigen beruflichen und privaten Lebensweg wünschen wir Herrn Schnauf alles Gute und weiterhin viel Erfolg.«

a) guter Mitarbeiter
b) kein guter Mitarbeiter
c) eher mittelmäßiger Mitarbeiter
d) kann man so nicht beurteilen

Die richtige Lösung finden Sie im nächsten Lerntest auf Seite 91.
Lösung 1. Lerntest: b

21. Wann sollten Sie Ihren Arbeitgeber um ein Zwischenzeugnis bitten?

Neben der Tatsache, dass ein Arbeitnehmer bereits zum Zeitpunkt der Aussprache einer Kündigung – egal von welcher Seite die Kündigung erfolgt – einen Anspruch auf ein vorläufiges Arbeitszeugnis hat, ist allgemein anerkannt, dass Arbeitnehmer auch bei anderen triftigen Gründen ein Zwischenzeugnis verlangen können.

Wegen der besonderen Bedeutung des Zwischenzeugnisses für das Arbeitsleben – nicht nur für einen eventuell geplanten Arbeitsplatzwechsel – ist es wichtig, die Anlässe zu kennen. Es kommen folgende Situationen in Betracht:

- Kündigungsvorhaben des Arbeitnehmers bzw. sicher in Aussicht stehende Beendigung des Arbeitsverhältnisses (z. B. bevorstehender Ausbildungsabbruch oder befristeter Arbeitsvertrag).

- Mögliches Ende eines Arbeitnehmerverhältnisses (z. B. Beginn von Verhandlungen über einen Aufhebungsvertrag, drohender Konkurs des Unternehmens, bevorstehender Personalabbau, Betriebszusammenlegung oder -verlegung, Änderungskündigung, Erhalt einer Abmahnung, länger andauernde Erkrankung).

- Bewerbung des Arbeitnehmers um eine neue Stelle, wovon er dem Arbeitgeber auch berichtet (Arbeitnehmer möchte sich persönlich weiterentwickeln und sucht eine neue, attraktivere Position mit besserer Bezahlung als beim bisherigen Arbeitgeber).

- Bevorstehende innerbetriebliche Veränderungen (z. B. Umstrukturierungen durch Rationalisierung, bei der bestimmte Arbeitsbereiche wegfallen).

- Wechsel von Arbeitsplatz, Verantwortungsbereich und/oder Vorgesetztem (der Arbeitnehmer geht z. B. für die Firma ins Ausland, er erhält eine höherwertige Position oder einen neuen Vorgesetzten).

- Spezielle Fortbildungs- und Aufstiegsvorhaben und -wünsche (Zeugnis wird oft zur Zulassung benötigt).

- Notwendige Vorlage bei Banken, Behörden und Gerichten.

- Wenn das normale Beschäftigungsverhältnis auf absehbare Zeit unterbrochen wird (z. B. Schwangerschaft, Erziehungsurlaub, Wahl zum Betriebsrat, Einberufung zu Wehr-/Zivildienst, Freistellung für längere Weiterbildung und Studium, Übernahme eines politischen Mandats usw.).

22. Warum sollten Sie ein Zwischenzeugnis beantragen?

Erbitten Sie sich bei günstigem Anlass und passender Gelegenheit ein Zwischenzeugnis. Einem eventuellen Gegenargument stehen mindestens fünf positive Gründe gegenüber.

- Das Zwischenzeugnis wird meistens sehr wohlwollend formuliert. Schließlich will der Arbeitgeber Sie nicht demotivieren.

- Mit dem Zwischenzeugnis werden für einen längeren Zeitabschnitt Ihr Leistungsstatus und der Zufriedenheitsgrad Ihres Arbeitgebers »festgeklopft«. Bei überraschend auftretenden Unstimmigkeiten kann Ihr Arbeitgeber nicht plötzlich alle Ihre Leistungen oder Verhaltensweisen »schon immer« mehr als fragwürdig gefunden haben. Ein positives Zwischenzeugnis stellt somit einen gewissen Kündigungsschutz dar.

- Beim Ausscheiden aus dem Unternehmen kann das Zwischenzeugnis richtungsweisende Funktion für das Endzeugnis haben (juristischer Fachausdruck: Bindungswirkung). Dies dürfte bei einem guten Zwischenzeugnis nur zu Ihrem Vorteil gereichen und einen gekränkten – weil Sie ihn verlassen wollen – Arbeitgeber später bremsen, Ihre Gesamtleistungen nun plötzlich wenig bis kaum positiv zu beurteilen. Auch wenn der Arbeitgeber nicht verpflichtet ist, im Endzeugnis die gleichen Formulierungen wie im Zwischenzeugnis zu verwenden, so müssen doch inzwischen gravierende und beweisbare Tatbestände vorliegen, um nach einem guten Zwischen- ein schlechtes Endzeugnis zu rechtfertigen. So kann z. B. ein aktuelles positives Zwischenzeugnis eine wichtige Rolle in einer eventuellen Kündigungsschutzklage darstellen, wenn es im Gegensatz zu einer personen- oder verhaltensbedingten Kündigung steht.

- Wenn Sie sich aus Ihrem aktuellen Arbeitsverhältnis heraus bei einem anderen Unternehmen bewerben wollen, macht ein etwa sechs bis zwölf Monate altes Zwischenzeugnis mit entsprechend guter Begründung (»aus Anlass des Arbeitsbereichswechsels und auf Wunsch von Herrn/Frau XYZ stellen wir gerne dieses Zwischenzeugnis aus und hoffen auf weitere gute Zusammenarbeit«) immer einen positiven Eindruck in Ihrer Bewerbungsmappe.

- Sie erleben, wie Ihr Arbeitgeber mit Ihrem Anliegen umgeht und können darüber hinaus den Grad der Wertschätzung, die Ihre Leistungen in diesem Unternehmen aktuell erfahren, kennenlernen.

Einziger Negativpunkt könnte sein: Ihr Arbeitgeber gibt sich herzlich wenig Mühe, Sie bei Laune und positiv motiviert zu halten, weil er die besagte Bindungswirkung scheut und Ihnen den eventuellen Abgang nicht auch noch mit einem enthusiastischen Leistungsbeurteilungsdokument erleichtern will.

Generell ist davor zu warnen, ein Zwischenzeugnis zu beantragen, um den eigenen Marktwert zu testen, eine Gehaltserhöhung durchzusetzen oder dem Arbeitgeber eine bevorstehende Kündigung anzudrohen. Andererseits ist jedem Arbeitnehmer zu empfehlen, bei der richtigen Gelegenheit ein Zwischenzeugnis zu beantragen, da dies auch eine Absicherung im Hinblick auf das Endzeugnis bedeutet.

Zusammenfassend möchten wir betonen, dass ein Zwischenzeugnis meistens gut ausfällt und der Arbeitnehmer später kein wesentlich schlechteres Endzeugnis ausstellen kann, auch wenn er in Anbetracht einer Auflösung des Arbeitsverhältnisses oder bei einer Kündigungsschutzklage eine andere Beurteilung abgeben will.

23. Wie sollten Sie sich am besten verhalten, wenn Sie zu einem Vorstellungsgespräch eingeladen werden, Ihnen Ihr letzter Arbeitgeber aber ein unbefriedigendes Zeugnis ausgestellt hat?

Sollten Sie mit einem unbefriedigenden Arbeitszeugnis in Ihren Bewerbungsunterlagen zu einem Vorstellungsgespräch gehen, müssen Sie auf etwaige Fragen Ihres potenziellen neuen Arbeitgebers zu Aussagen im Zeugnis vorbereitet sein und Erklärungen abgeben können.

Sehr wahrscheinlich kennen Sie die Fragen am besten, die Sie bezogen auf den letzten Arbeitsplatz und das nicht so tolle Zeugnis in Verlegenheit bringen könnten. Also bereiten Sie sich vor, damit Sie wissen, was Sie auf entsprechende Fragen im Vorstellungsgespräch antworten werden.

Übrigens Vorsicht bei Schuldzuweisungen, die Sie als Erklärung oder gar Rechtfertigung vornehmen. Ihr Gegenüber, der potenzielle neue Arbeitgeber, wird sehr genau hinhören, wie Sie verbal damit umgehen, und Sie im schlimmsten Fall als »schwierigen Mitarbeiter« einschätzen. Beachten Sie auch den Grundsatz, dass Sie sich niemals negativ über den ehemaligen Vorgesetzten äußern dürfen. Der neue potenzielle Arbeitgeber könnte davon ausgehen, dass Sie später genauso über ihn massive Kritik verbreiten würden, wenn Sie sein Unternehmen verlassen.

24. Wie prüfen Personalentscheider auf die Schnelle, ob das Zeugnis in Ordnung ist?

Sie lesen das Zeugnis von unten nach oben. Sie prüfen, ob Ausstellungsdatum und Austrittstermin identisch sind oder nicht zu weit auseinanderliegen, wie die letzten beiden Absätze formuliert wurden (Grund für das Ausscheiden, Bedauern/Dank/Zukunftswünsche), wie die Gesamtzufriedenheit bei Leistung und Verhalten aussieht und ob das Verhältnis von Zeugnisumfang und Verweildauer im Unternehmen stimmt. Nach einem Check von einer Minute weiß der geübte Leser, ob das Arbeitszeugnis okay oder eher kritisch zu bewerten ist.

25. Was sind die Essentials bei der schnellen Zeugnisprüfung?

Die wichtigsten Prüfkriterien:

- Formal korrektes Briefpapier des Unternehmens, Daten, Rechtschreibung.
- Angemessener Umfang (1–2 Seiten).
- Inhaltliche Stimmigkeit mit deutlicher Wertschätzung.
- Positive Formel für Bedauern/Dank/Zukunftswünsche.
- Sind Austritts- und Ausstellungsdatum identisch?
- Unterschrift einer kompetenten Person, Name und Funktion gut lesbar.

Do it yourself – Textbausteine für das Verfassen und Analysieren von Arbeitszeugnissen

In dem nun folgenden Katalog (Kompendium) von Beispielformulierungen für ein Arbeitszeugnis geht es uns darum, Ihnen übersichtlich zu zeigen, mit welchen Formulierungen welche Bewertung verbunden ist. Dazu haben wir eine Aufteilung in drei Zielgruppen vorgenommen:

- Gewerbliche Arbeitnehmer
- Angestellte
- Außertarifliche und leitende Angestellte

Die Textbausteine mit Beispielformulierungen sind nach dem Gliederungsschema geordnet, wie es üblicherweise bei Arbeitszeugnissen heutzutage verwendet wird:

- Einleitung
- Positions-, Aufgaben- und Tätigkeitsbeschreibung
- Leistungsbeurteilung
  - Arbeitsbereitschaft und -befähigung
  - Arbeitsweise
  - Arbeitserfolg (Arbeitsmenge, -tempo und -qualität)
  - Besondere Arbeitserfolge
  - Gegebenenfalls Führungsleistung
  - Gegebenenfalls Fachwissen/Weiterbildungsmotivation
  - Zusammenfassende Beurteilung der Leistung
- Verhaltensbeurteilung
  - Verhalten gegenüber Vorgesetzten, Kollegen und Dritten
  - Weitere persönliche und soziale Verhaltensaspekte
- Abschluss
  - Gründe für Beendigung des Arbeitsverhältnisses
  - Kündigung durch den Arbeitnehmer mit Begründung
  - Kündigung durch den Arbeitnehmer ohne Begründung
  - Kündigung durch den Arbeitnehmer bei Nichteinhaltung der Kündigungsfrist
  - Beendigung des Arbeitsverhältnisses durch Aufhebungsvertrag oder Vergleich
  - Betriebsbedingte Kündigung durch den Arbeitgeber
  - Andere Formen der Kündigung durch den Arbeitgeber
  - Fristlose Kündigung durch den Arbeitgeber
  - Beendigung des Arbeitsverhältnisses durch Vertragsablauf
- Bedauerns-Dankes-Formel
- Zukunftswünsche

Im Anhang wird das Zwischenzeugnis in allen wichtigen Aspekten für die oben aufgeführten drei Zielgruppen behandelt.

Mit diesem ausführlichen Zeugnisformulierungskatalog können Sie ein vorliegendes Zeugnis besser einordnen und interpretieren. Er dient aber auch und vor allem als Hilfe bei der Formulierung eines eigenen Zeugnisentwurfes, wobei betont werden muss, dass die einzelnen Bausteine nicht schematisch aneinandergereiht werden dürfen, sondern im Rahmen einer Gesamtzeugniskonzeption moderat und stilistisch geglückt miteinander verbunden werden müssen, angereichert durch individuelle Erweiterungen bzw. Ergänzungen.

Selbstverständlich sind die Formulierungsbeispiele unter einem Oberthema alternativ zu verstehen, d. h., es ist jeweils nur ein Beispiel zu dem behandelten Thema für den Zeugnisentwurf auszuwählen.

Falls passend, können jedoch Formulierungen aus den unterschiedlichen Zielgruppen 1–3 kombiniert werden.

Hier im Buch haben wir nur sehr gute, gute und knapp befriedigende Textbausteine abgedruckt; knapp befriedigende, kaum ausreichende oder gar mangelhafte finden Sie auf der CD-ROM.

Damit wollen wir der Tatsache Rechnung tragen, dass auf dem Arbeitsmarkt vor allem gute Zeugnisse die Bewerbungschancen verbessern. Befriedigende oder gar schlechtere Benotungen verderben die Chancen. Sehr gute Zeugnisbeurteilungen haben häufig einen Beigeschmack des Übertriebenen, »Geschönten«. Es mag paradox klingen, aber so gesehen sind gute Zeugnisse oft – weil weniger verdächtig – besser als sehr gute.

Um auf diese Problematik deutlicher hinzuweisen, haben wir ab der »guten« Kategorie die Benotungsstufen pointierter formuliert (»noch gut«, »knapp befriedigend«, »kaum noch ausreichend«).

Die für den Laien nicht immer einsichtige Zuordnung bestimmter Formulierungen zu einzelnen Benotungsstufen orientiert sich an der gängigen Praxis unter Berücksichtigung von Rechtsprechung und Fachliteratur sowie an zahlreichen in unserem *Büro für Berufsstrategie* analysierten Arbeitszeugnissen.

Bei etwa 80 % der Arbeitszeugnisse wird das Präteritum (Vergangenheitsform) verwendet, lediglich bei Zwischenzeugnissen und zur Beschreibung von zeitkonstanten Leistungs- und Verhaltensmerkmalen wird das Präsens (Gegenwartsform) eingesetzt.

TEXTBAUSTEINE FÜR GEWERBLICHE ARBEITNEHMER

EINLEITUNG

- *Herr/Frau (Vorname, Name), geboren am . . . in . . . , war vom . . . in unserer Abteilung (Bezeichnung) als . . . (Berufsbezeichnung) tätig.*
- *Herr/Frau (Vorname, Name), geboren am . . . in . . . , trat am . . . als . . . (Berufsbezeichnung) in unser Unternehmen ein.*
- *XY, geboren am . . . , wurde am . . . als . . . eingestellt.*
- *XY war vom . . . bis zum . . . bei uns im Rahmen eines befristeten Arbeitsverhältnisses als . . . beschäftigt.*

POSITIONS-, AUFGABEN- UND TÄTIGKEITSBESCHREIBUNG

- *XY arbeitete in der Produktionsabteilung . . . vorwiegend in dem Bereich . . . Zu seinen Aufgaben gehörte . . .*
- *XY war in unserem Unternehmen mit unterschiedlichen Aufgaben betraut. Dazu zählten: . . . (Aufzählung nach Wichtigkeit).*
- *XYs Aufgabengebiet umfasste in der Hauptsache: . . . (Aufzählung).*

- *XY war zunächst in der Abteilung . . . als . . . tätig. Zu seinen Aufgaben gehörten . . . (Aufzählung). Ab dem . . . wurde XY aufgrund seiner guten Leistungen und einer erfolgreichen internen Bewerbung in der Abteilung . . . als . . . eingesetzt. Dort war XY in der Tarifgruppe . . . mit der selbstständigen Bearbeitung folgender Aufgaben betraut: . . . (Aufzählung).*

LEISTUNGSBEURTEILUNG

Arbeitsbereitschaft und -befähigung

Sehr gute Beurteilung der Arbeitsbereitschaft und -befähigung

- *XY war stets sehr gut motiviert und verfügte über eine in jeder Hinsicht ausgezeichnete Arbeitsbefähigung.*
- *XY zeichnete sich durch eine sehr hohe Arbeitsmoral aus und war jederzeit bereit und fähig, zusätzliche und auch schwierige Arbeiten zu übernehmen.*
- *XY verfügte jederzeit über eine sehr hohe Arbeitsbereitschaft und vorbildliche Pflichtauffassung. Er war immer ein stark belastbarer und sehr ausdauernder Mitarbeiter.*
- *XY ist jederzeit in der Lage und bereit, vielschichtige und besonders schwierige Tätigkeiten auszuführen.*
- *XY ist sehr stark motiviert.*

Noch gute Beurteilung der Arbeitsbereitschaft und -befähigung

- *XY war stets gut motiviert und verfügt über eine in jeder Hinsicht gute Arbeitsbefähigung.*
- *XY zeichnete sich durch eine hohe Arbeitsmoral/ein hohes Pflichtbewusstsein aus und war bereit und fähig, zusätzliche und auch schwierige Arbeiten zu übernehmen.*
- *XY verfügte über eine hohe Arbeitsbereitschaft und vorbildliche Pflichtauffassung. Er war immer ein belastbarer und ausdauernder Mitarbeiter.*
- *Nachdem XY an einer Fortbildung über neue Produktionstechniken in der . . . teilgenommen hatte, konnte er/sie die erworbenen Kenntnisse praxisgerecht umsetzen. Der Produktionsprozess wurde dadurch erheblich verbessert. Er/Sie gab seine/ihre Kenntnisse gezielt an seine/ihre Mitarbeiter weiter, die diese neuen Techniken erfolgreich in ihrer Arbeit anwenden konnten.*

Knapp befriedigende Beurteilung der Arbeitsbereitschaft und -befähigung

- *XY war gut motiviert und verfügt über eine gute Arbeitsbefähigung.*
- *XY zeichnete sich durch eine gute Arbeitsmoral aus und war bereit und in der Lage, zusätzliche Arbeiten zu übernehmen.*
- *XY verfügte über eine gute Arbeitsbereitschaft. Er war ein belastbarer und ausdauernder Mitarbeiter.*
- *XY ist fähig und bereit, auch andere, gleichartige Arbeitsaufgaben zu erfüllen.*
- *XY führte seine Arbeiten pflichtbewusst aus.*

Arbeitsweise

Sehr gute Beurteilung der Arbeitsweise

- *XY arbeitete jederzeit absolut zuverlässig, zielstrebig und zügig. Hervorzuheben ist seine hervorragende Planung von Werkzeug- und Materialbedarf.*
- *XY arbeitete stets sehr effizient, routiniert und zielstrebig. Er dachte jederzeit mit, erledigte Arbeitsvorbereitungsmaßnahmen selbstständig und plante seinen Werkzeug- und Materialbedarf sehr gut.*
- *XYs Umgang mit Betriebsmitteln und Materialien war stets und in jeder Hinsicht vorbildlich.*
- *XY arbeitet stets mit größter Zuverlässigkeit, Zielstrebigkeit und in hohem Arbeitstempo.*
- *XY arbeitet auch unter schwierigen Bedingungen und unter Zeitdruck immer äußerst zuverlässig.*

Noch gute Beurteilung der Arbeitsweise

- *XY arbeitete sehr zuverlässig, zielstrebig und zügig. Hervorzuheben ist seine gute Planung von Werkzeug- und Materialbedarf.*
- *XY arbeitete sehr effizient, routiniert und zielstrebig. Er dachte mit, erledigte Arbeitsvorbereitungsmaßnahmen selbstständig und plante seinen Werkzeug- und Materialbedarf gut.*
- *XYs Umgang mit Betriebsmitteln und Materialien war stets vorbildlich.*
- *XY arbeitet sehr zuverlässig und zügig.*
- *Betriebsmittel und Materialien werden von XY stets sachgemäß und überlegt eingesetzt.*
- *XY hat das richtige Augenmaß für die Setzung von Prioritäten bei seinen Arbeitsaufgaben. Er führt sie sehr zügig und zuverlässig aus und hat Freude an der Arbeit.*

PRAXISBEISPIEL

Man sieht sich immer zweimal im (Arbeits-)Leben

An meine erste richtige Stelle erinnere ich mich noch heute sehr gut. Mit der Ausbildung in der Tasche dachte ich, jetzt kann ich durchstarten und allen zeigen, was in mir steckt. Aber offensichtlich hatte ich mich in meinem neuen Arbeitgeber mächtig getäuscht. Mein neuer Vorgesetzter behandelte mich schlecht, unmündig, schlimmer als mein ehemaliger Ausbilder. Offensichtlich stimmte die Chemie zwischen uns nicht. So etwas soll es ja geben. Nur – ich hatte es nicht rechtzeitig bemerkt. Eineinhalb Jahre hielt ich durch, dann war es an der Zeit, wieder zu wechseln. Leider war mein Arbeitszeugnis eine Katastrophe, geprägt durch die deutliche Antipathie meines Vorgesetzten. Vielleicht war er auch gekränkt, dass ich mich nicht länger von ihm versklaven ließ. Das war nun die Quittung. Der neue Vertrag war aber bereits unterschrieben und mein neuer Arbeitgeber interessierte sich überhaupt nicht für das Arbeitszeugnis seines Vorgängers. Gut so! In dieser neuen, meiner bis dato dritten Firma lernte ich viel, machte Karriere, wurde nach vier Jahren abgeworben, bekam dennoch ein gutes Zeugnis und der Aufstieg ging auch in den nächsten beiden Unternehmen, für die ich arbeiten durfte, weiter voran.

Selbst in der Personalverantwortung und um einige Jahre an Erfahrung reicher bekam ich eines Tages die Bewerbung meines ersten Vorgesetzen auf den Tisch. Sehr genau studierte ich seinen beruflichen Werdegang und insbesondere seine Arbeitszeugnisse. Natürlich lud ich ihn zum Bewerbungsgespräch ein und konnte es kaum erwarten, sein Gesicht zu sehen. Endlich war es so weit. Jedoch, er überspielte es geschickt, zeigte keine Regung, erinnerte sich vielleicht auch wirklich nicht mehr an mich; immerhin 18 Jahre lagen dazwischen.

Nun, nach einigem Nachdenken und Abwägen gab ich ihm eine Chance in einer unserer Abteilungen, und er machte sich auch gar nicht schlecht. Die letzten 5 Arbeitsjahre bis zu seiner Berentung waren schnell vergangen, zu seinem Abschied wollte ich es dann aber doch wissen und sprach ihn darauf an, dass ich mal von ihm ein schlechtes Arbeitszeugnis bekommen hatte. Er blickte mich fest an und sagte: »Ja, ich erinnere mich sehr gut, und als ich Sie im Vorstellungsgespräch wiedersah, dachte ich, es würde nie klappen, und ich könnte eigentlich aufstehen und gehen. Aber Sie sind doch anders, als ich Sie zunächst eingeschätzt habe. Da Sie es nicht ansprachen, mir aber die Chance zur Mitarbeit gegeben haben, schwieg ich. Heute sehe ich, dass ich Sie zweimal falsch beurteilt habe.«

Knapp befriedigende Beurteilung der Arbeitsweise

- *XY arbeitete zuverlässig und zügig.*
- *XY arbeitete effizient und zielstrebig.*
- *XYs Umgang mit Betriebsmitteln und Materialien war überlegt und sachgemäß.*
- *XY setzte (Materialien) sachgemäß und überlegt ein.*
- *XYs sorgfältiger Arbeitsstil stellte uns stets zufrieden.*

Arbeitserfolg (Arbeitsmenge, -tempo und -qualität)

Sehr gute Beurteilung des Arbeitserfolges

- *XYs Arbeitsergebnisse waren – auch bei wechselnden Anforderungen und in sehr schwierigen Fällen – stets von sehr guter Qualität. Arbeitsmenge und -tempo lagen jederzeit sehr weit über unseren Erwartungen/Anforderungen.*
- *XYs Arbeitsqualität übertraf immer weit die Anforderungen, die an einen qualifizierten Facharbeiter gestellt werden können. Dasselbe galt für Arbeitsmenge und -tempo.*
- *Die Qualität der Arbeit von XY lag immer sehr weit über dem durchschnittlichen Standard seines Teams. Seine Arbeitsproduktivität war stets enorm hoch.*
- *XYs Werkstücke sind stets von sehr guter Qualität.*
- *Die Qualität seiner Arbeit war immer sehr hoch.*
- *XYs Arbeitsergebnisse erreichten auch bei wechselnden Anforderungen stets eine sehr gute Qualität.*
- *XYs Arbeitsmenge und -tempo lagen stets sehr weit über den vorgegebenen Normen.*
- *XY unterschritt die Vorgabezeit immer erheblich und erhielt stets Sonderprämien für vorbildliche Arbeitsleistungen.*

Noch gute Beurteilung des Arbeitserfolges

- *XYs Arbeitsergebnisse waren – auch bei wechselnden Anforderungen und in schwierigen Fällen – stets von guter Qualität. Arbeitsmenge und -tempo lagen immer über unseren Anforderungen/Erwartungen.*
- *XYs Arbeitsqualität übertraf weit die Anforderungen, die an einen qualifizierten Facharbeiter gestellt werden können. Dies gilt auch für seine Arbeitsproduktivität.*
- *Die Qualität der Arbeit von XY lag stets deutlich über dem durchschnittlichen Standard seines Teams, ebenso wie Arbeitsmenge und -tempo.*
- *XYs Arbeitsergebnisse waren auch bei wechselnden Anforderungen stets qualitativ gut.*
- *Seine Werkstücke waren immer von guter Qualität.*
- *Arbeitsmenge und Arbeitstempo waren stets überdurchschnittlich.*
- *XY ist sehr intensiv bei der Arbeit. Die von ihm bewältigte Arbeitsmenge ist überdurchschnittlich.*

Knapp befriedigende Beurteilung des Arbeitserfolges

- *XYs Arbeitsergebnisse waren von guter Qualität und lagen – was Arbeitsmenge und -tempo anbetrifft – über unseren Erwartungen.*
- *XYs Arbeitsqualität erfüllte voll die Anforderungen, die an einen qualifizierten Facharbeiter gestellt werden können. Dies trifft auch auf Arbeitsmenge und -tempo voll zu.*
- *Die Qualität seiner Arbeit entsprach stets voll dem durchschnittlichen Standard seines Teams. Arbeitsmenge und -tempo waren gut.*
- *XYs Arbeitsergebnisse waren qualitativ gut.*
- *Die Qualität seiner Arbeitsergebnisse war stets zufriedenstellend.*
- *Die von XY bewältigte Arbeitsmenge und sein Arbeitstempo lagen über unseren Erwartungen.*
- *XY arbeitete stets intensiv.*
- *XY arbeitete stets gleichmäßig.*

Besondere Arbeitserfolge

- *XY bestand die Ausbildereignungsprüfung und hat erfolgreich bei der Ausbildung mitgewirkt.*
- *XY setzte seine sehr guten Fachkenntnisse erfolgreich in der Berufsausbildung unserer Auszubildenden ein, bei denen er sehr beliebt ist.*
- *XY übernahm erfolgreich die Abwesenheitsvertretung unseres . . . für den Bereich . . .*

Zusammenfassende Beurteilung der Leistung (Zufriedenheitsaussage)

Sehr gute Gesamtbeurteilung der Leistung

- *Die XY übertragenen Arbeiten erledigte er stets zu unserer vollsten Zufriedenheit.*
- *Seine Leistungen waren stets sehr gut.*
- *XYs Leistungen fanden stets in jeder Hinsicht unsere ausnahmslose Anerkennung.*

LERNTEST

3. Lerntest: Was bedeutet das im Klartext?

»Im besten beiderseitigen Einvernehmen endet das Arbeitsverhältnis mit Herrn Schade. Wir bedauern diese Entwicklung und sein Ausscheiden sehr und danken für die langjährige Mitarbeit. Für den weiteren persönlichen und beruflichen Lebensweg wünschen wir Herrn Schade alles Gute, viel Glück und besten Erfolg.«

a) Hier geht kein guter Mitarbeiter, also keine Empfehlung.
b) Hier geht ein guter Mitarbeiter, eine Empfehlung.
c) Hier geht eher ein nur mittelmäßiger Mitarbeiter, also weder noch …
d) Kann man so nicht beurteilen.

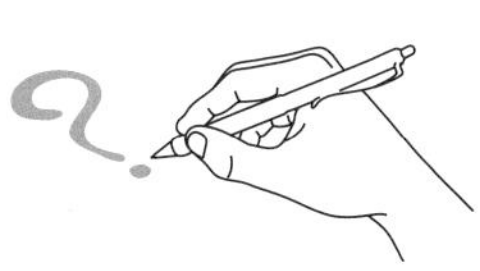

Die richtige Lösung finden Sie im nächsten Lerntest auf Seite 94.
Lösung 2. Lerntest: a

Noch gute Gesamtbeurteilung der Leistung

- *Die XY übertragenen Arbeiten erledigte er stets zu unserer vollen Zufriedenheit.*
- *Seine Leistungen waren sehr gut.*
- *Seine Leistungen waren stets gut.*

Knapp befriedigende Gesamtbeurteilung der Leistung

- *Die XY übertragenen Arbeiten erledigte er zu unserer vollen Zufriedenheit.*
- *Seine Leistungen waren gut/stets befriedigend.*
- *Sein Fleiß und seine Leistungen waren stets befriedigend.*

VERHALTENSBEURTEILUNG

Verhalten gegenüber Vorgesetzten, Kollegen und Dritten

Sehr gute Beurteilung des Verhaltens

- *XYs Verhalten gegenüber Vorgesetzten und Kollegen war stets einwandfrei/vorbildlich/mustergültig/lobenswert/sehr gut.*
- *XY wurde von Vorgesetzten und Kollegen als fleißiger und freundlicher Mitarbeiter sehr geschätzt.*
- *XY war wegen seines freundlichen und kollegialen Umgangs bei Vorgesetzten und Kollegen gleichermaßen sehr beliebt.*
- *XYs Verbindlichkeit wurde von Vorgesetzten und allen Kollegen sehr geschätzt.*

Noch gute Beurteilung des Verhaltens

- *XYs Verhalten zu Vorgesetzten und Kollegen war einwandfrei/vorbildlich/mustergültig/lobenswert/sehr gut.*
- *Sein kollegiales Wesen machte ihn bei Vorgesetzten und Kollegen beliebt.*
- *XY wurde von Vorgesetzten und Kollegen als fleißiger und freundlicher Mitarbeiter geschätzt.*
- *XY war wegen seines freundlichen und kollegialen Umgangs bei Vorgesetzten und Kollegen gleichermaßen geschätzt.*
- *XYs Verbindlichkeit wurde von Vorgesetzten und allen Kollegen geschätzt.*

Knapp befriedigende Beurteilung des Verhaltens
(wird vor allem dadurch deutlich, dass der Vorgesetzte an zweiter Stelle genannt wird)

- *XYs Verhalten Kollegen und Vorgesetzten gegenüber war einwandfrei/vorbildlich.*
- *XY fügte sich gut in die Betriebsgemeinschaft ein; sein Verhalten gegenüber Vorgesetzten und Kollegen gab zu keinerlei Beanstandungen Anlass/war stets spannungsfrei.*

Verhalten gegenüber Dritten (bei Berufen, die mit Kunden, Publikum usw. zu tun haben)

Sehr gute Beurteilung des Verhaltens

- *XY kam mit unseren Kunden stets sehr gut zurecht.*
- *XY wurde wegen seines Engagements und seiner Zuvorkommenheit von unseren Besuchern/Mandanten stets sehr geschätzt.*

Noch gute Beurteilung des Verhaltens

- *XY ist als . . . mit unseren Kunden stets gut zurechtgekommen.*
- *Aufgrund seiner freundlichen und unkomplizierten Wesensart ist/war XY bei unseren Kunden sehr beliebt und geschätzt.*

Knapp befriedigende Beurteilung des Verhaltens

- *Von Besuchern/Mandanten und Anrufern wurde XY wegen seiner Zuvorkommenheit geschätzt.*

Weitere persönliche und soziale Verhaltensaspekte

(Diese Beurteilungskategorie wird in vielen Zeugnissen weggelassen. Ein Fehlen darf deshalb kein Anlass für negative Rückschlüsse sein.)

Sehr gute Beurteilung des Verhaltens

- *XY fügte sich immer sehr gut in wechselnde Arbeitsteams ein.*
- *XY war stets bereit, seine Kollegen mit seinem sehr guten Fachwissen in schwierigen Fällen zu unterstützen.*
- *Für unsere Auszubildenden war XY immer ein kenntnisreicher Betreuer, der diesen stets mit Rat und Tat zur Seite stand.*

Noch gute Beurteilung des Verhaltens

- *XY fügte sich immer gut in wechselnde Arbeitsteams ein.*
- *XY half gern seinen Kollegen in schwierigen Fällen mit seinem sehr guten Fachwissen aus.*

Knapp befriedigende Beurteilung des Verhaltens

- *XY fügte sich gut in wechselnde Arbeitsteams ein.*
- *XY unterstützte seine Kollegen stets bereitwillig.*
- *Mit XYs Umgangsformen waren wir voll zufrieden.*

Weiter geht es mit dem Abschnitt Zeugnisabschluss (s. S. 115 ff.).

TEXTBAUSTEINE FÜR ANGESTELLTE

EINLEITUNG

- *Herr/Frau (Vorname, Name), geboren am . . . in . . . , war vom . . . in unserer Abteilung (Bezeichnung) als . . . (Berufsbezeichnung) tätig.*
- *Herr/Frau (Vorname, Name), geboren am . . . in . . . , trat am . . . als . . . (Berufsbezeichnung) in unser Unternehmen ein.*
- *XY, geboren am . . . , wurde am . . . als . . . eingestellt.*
- *XY war vom . . . bis zum . . . bei uns im Rahmen eines befristeten Arbeitsverhältnisses als . . . beschäftigt.*

POSITIONS-, AUFGABEN- UND TÄTIGKEITSBESCHREIBUNG

- *XY arbeitete in der Abteilung . . . vorwiegend in dem Bereich . . . Zu seinen Aufgaben gehörte . . .*
- *XY war in unserem Unternehmen im Bereich . . . mit unterschiedlichen Aufgaben betraut. Dazu zählten: . . . (Aufzählung nach Wichtigkeit).*
- *XYs Aufgabengebiet umfasste in der Hauptsache: . . . (Aufzählung).*
- *Nach erfolgreicher Einarbeitung übernahm XY das Verkaufsgebiet . . . zur umsatzverantwortlichen Bearbeitung. Sein Aufgabengebiet umfasste . . . Außerdem wirkte er bei den Projekten . . . mit.*
- *XY war zunächst in der Abteilung . . . als . . . tätig. Zu seinen Aufgaben gehörten . . . (Aufzählung). Ab dem . . . wurde XY aufgrund seiner guten Leistungen und einer erfolgreichen internen Bewerbung in der Abteilung . . . als . . . eingesetzt. Dort war XY in der Tarifgruppe . . . mit der selbstständigen Bearbeitung folgender Aufgaben betraut: . . . (Aufzählung).*
- *XY war im Bereich . . . für . . . tätig. Er besaß Handlungsvollmacht nach § 54 HGB. Seine Aufgabenschwerpunkte lagen in der selbstständigen Bearbeitung von . . . (Aufzählung).*

LERNTEST

4. Lerntest: Was bedeutet das im Klartext?

»Auf persönlichen Wunsch verlässt uns Frau Dr. Schlaf mit dem heutigen Tage. Auch wenn wir ihre Entscheidung bedauern, freuen wir uns für unsere Kollegen, da sie innerhalb unseres Konzerns eine neue berufliche Herausforderung annehmen wird. Wir danken ihr für ihre Leistungen und die stets angenehme Zusammenarbeit. Für ihre berufliche Zukunft wünschen wir Frau Dr. Schlaf alles Gute und viel Erfolg bei ihrer neuen Aufgabe.«

a) Hier geht eine wirklich sehr gute Mitarbeiterin.
b) Hier geht eine gute Mitarbeiterin.
c) Hier geht eher eine nur durchschnittliche Mitarbeiterin.
d) Kann man so nicht beurteilen.

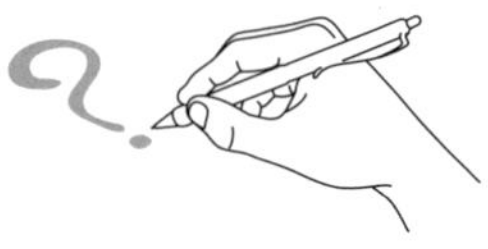

Die richtige Lösung finden Sie im nächsten Lerntest auf Seite 97
Lösung 3. Lerntest: b

LEISTUNGSBEURTEILUNG

Arbeitsbereitschaft

Sehr gute Beurteilung der Arbeitsbereitschaft

- *XY zeigte stets außerordentliche Initiative, großen Fleiß und Eifer.*
- *XY war stets hoch motiviert.*
- *XY hat sich mit großem Engagement und Erfolg in das neue Arbeitsgebiet eingearbeitet.*
- *Schon nach sehr kurzer Einarbeitungszeit arbeitete XY vollkommen selbstständig.*
- *XY war stets ein engagiert arbeitender und fleißiger Mitarbeiter, der aufgrund seines hohen persönlichen Einsatzes einen bedeutenden Beitrag zum Aufbau unseres/des . . . geleistet hat.*

Noch gute Beurteilung der Arbeitsbereitschaft

- *XY zeigte stets Initiative, Fleiß und Eifer.*
- *XY war stark motiviert und verfolgte beharrlich die gesetzten Ziele.*
- *XYs Arbeitsbereitschaft war stets gut.*
- *Schon nach einer kurzen Einarbeitungszeit arbeitete XY vollkommen selbstständig.*
- *XY erfüllt seine Aufgaben mit ausdauerndem Engagement und äußerster Konzentration.*

Knapp befriedigende Beurteilung der Arbeitsbereitschaft

- *XY zeigte Initiative, Fleiß und Eifer.*
- *XY war ein motivierter Mitarbeiter, der die ihm gesetzten Ziele verfolgte.*
- *XYs Arbeitsmotivation/-bereitschaft/Dienstauffassung war gut.*
- *XY hat mit hohem Einsatz einen guten Beitrag zum gemeinsamen Firmenerfolg geleistet.*
- *XY hat sich mit Interesse in sein neues Arbeitsgebiet eingearbeitet. Nach der üblichen Einarbeitungszeit arbeitete er selbstständig.*

Arbeitsbefähigung

Sehr gute Beurteilung der Arbeitsbefähigung

- *XY bewältigte neue Arbeitssituationen stets sehr gut und sicher.*
- *XY stellte an sich selbst sehr hohe fachliche Anforderungen, die er jederzeit voll erfüllte.*
- *XY war ein ausdauernder und außerordentlich belastbarer Mitarbeiter, der auch unter schwierigen Arbeitsbedingungen alle Aufgaben stets sehr gut bewältigte.*
- *XY verfügt über sehr große Berufserfahrung und beherrscht seinen Arbeitsbereich in jeder Weise umfassend, sicher und vollkommen.*
- *XY arbeitete stets sicher und selbstständig.*

- *XY hatte oft neue praktikable Ideen, die er erfolgreich in seine Arbeit integrierte.*
- *XY verfügt über ein umfassendes und detailliertes Fachwissen.*
- *XY verfügt über/hat sehr gute, fundierte Kenntnisse, die er erfolgreich einsetzte.*

Noch gute Beurteilung der Arbeitsbefähigung

- *XY bewältigte neue Arbeitssituationen stets gut.*
- *XY stellte an sich selbst hohe Fachanforderungen, die er jederzeit voll erfüllte.*
- *XY war ein ausdauernder und belastbarer Mitarbeiter, der auch unter schwierigen Arbeitsbedingungen alle Aufgaben stets gut bewältigte.*
- *XY hat eine umfassende Berufserfahrung und beherrscht seinen Arbeitsbereich überdurchschnittlich.*
- *XY arbeitet sicher und selbstständig und findet sich in neuen Situationen gut zurecht.*
- *XY setzte seine guten und fundierten Fachkenntnisse sehr erfolgreich ein.*
- *Aufgrund der soliden Fachkenntnisse erzielte XY überdurchschnittliche Erfolge.*

Knapp befriedigende Beurteilung der Arbeitsbefähigung

- *XY bewältigte neue Arbeitssituationen erfolgreich.*
- *XY stellte an sich selbst hohe Fachanforderungen, die er erfüllte.*
- *XY war ein belastbarer Mitarbeiter, der auch unter schwierigen Arbeitsbedingungen Aufgaben gut bewältigte.*
- *XY beherrscht sein Arbeitsgebiet umfassend.*
- *XY verfügt über gute Berufserfahrungen.*
- *XY verfügt über fundierte Fachkenntnisse auf seinem Gebiet.*

Arbeitsweise

Sehr gute Beurteilung der Arbeitsweise

- *XY erledigte seine Aufgaben stets selbstständig mit äußerster Sorgfalt und größter Genauigkeit.*
- *XY arbeitete stets sehr zielstrebig, umsichtig und termingerecht.*
- *XYs Arbeitsweise ist geprägt durch hohe Zielorientierung und Systematik sowie ausgezeichnetes Verantwortungs- und Kostenbewusstsein.*
- *XY zeichnete sich bei der Erledigung aller Aufgaben durch Gewissenhaftigkeit, Genauigkeit und Umsicht aus. Auch in schwierigen Situationen konnte man sich sehr gut auf ihn verlassen.*
- *XY war ein äußerst pflichtbewusster, zuverlässiger und verschwiegener Mitarbeiter, der stets sehr konzentriert und zielgerichtet arbeitete.*

Noch gute Beurteilung der Arbeitsweise

- *XY erledigte seine Aufgaben stets selbstständig mit großer Sorgfalt und Genauigkeit.*
- *Wir lernten XY als einen engagierten, aufgeschlossenen Mitarbeiter kennen, der seine Tätigkeiten mit vollem Einsatz erfolgreich ausführte.*
- *XY ist ein engagierter und fleißiger Mitarbeiter, der sich schnell in seine neuen Arbeitsaufgaben einarbeitete und dem Betrieb auf seinem Gebiet wichtige Impulse gab.*
- *XY zeichnete sich bei der Erledigung seiner Aufgaben durch Gewissenhaftigkeit, Genauigkeit und Umsicht aus. Auch in schwierigen Situationen konnte man sich gut auf ihn verlassen.*

Knapp befriedigende Beurteilung der Arbeitsweise

- *XY erledigte seine Aufgaben stets sorgfältig und genau.*
- *Bei der Arbeitsdurchführung war XY jederzeit zügig und termingerecht.*
- *Wir lernten XY als einen verantwortungsbewussten, durchaus selbstständig arbeitenden Mitarbeiter kennen, der die ihm zugeteilten Aufgaben und Arbeiten systematisch ausführte.*
- *XY arbeitete sicher und selbstständig.*

Arbeitserfolg (Arbeitsmenge, -tempo und -qualität)

Sehr gute Beurteilung des Arbeitserfolges

- *XY beeindruckte uns stets durch eine sehr gute Arbeitsqualität, wobei er die selbst gesetzten und vereinbarten Ziele auch unter schwierigsten Bedingungen stets erreicht, meist sogar noch übertroffen hat.*
- *XY war immer ein zuverlässiger, leistungsfähiger Mitarbeiter, der seine umfangreichen Arbeitsaufgaben folgerichtig, zügig und stets sehr gut erledigte.*

LERNTEST

5. Lerntest: Was bedeutet das im Klartext?

»Wir können Frau Schnarch bestätigen, dass sie eine äußerst agile Mitarbeiterin war, die sich bemüht zeigte, den Erfordernissen ihrer Arbeit immer wieder gerecht zu werden. Sie arbeitete gewissenhaft und überlegt, immer auch zur Zufriedenheit ihres Vorgesetzten. Ihre Führung war tadellos, das Verhalten gegenüber Vorgesetzten, Kollegen und Kunden gab nie Anlass zur Klage. Durch ihre Wesensart trug sie zu einem guten Teamarbeitsklima bei.

Das Arbeitsverhältnis mit Frau Schnarch endet mit dem heutigen Tag. Wir bedanken uns und wünschen ihr alles Gute.«

a) Hier geht eine wirklich gute Mitarbeiterin.
b) Hier geht keine wirklich gute Mitarbeiterin.
c) Hier geht eine eher nur durchschnittliche Mitarbeiterin.
d) Kann man so nicht beurteilen.

Die richtige Lösung finden Sie im nächsten Lerntest auf Seite 101
Lösung 4. Lerntest: b

- *XY fand stets hervorragende Problemlösungen, die er auch erfolgreich umsetzte.*
- *XYs Arbeitsqualität war stets weit überdurchschnittlich.*
- *Engagement und Arbeitsergebnisse von XY waren stets außergewöhnlich gut.*

Noch gute Beurteilung des Arbeitserfolges

- *XYs Arbeitsqualität war stets gut, wobei die vereinbarten Ziele von ihm auch unter schwierigen Bedingungen stets erreicht, oft auch übertroffen wurden.*
- *XY war ein zuverlässiger, leistungsfähiger Mitarbeiter, der seine umfangreichen Arbeitsaufgaben folgerichtig, zügig und sehr gut erledigte.*
- *Die von XY gefundenen Lösungen und Umsetzungen waren sehr gut.*
- *XY ist ein leistungsfähiger, zuverlässiger Mitarbeiter, der seine Aufgaben stets gut erledigte.*
- *XY zeigte stets eine überdurchschnittliche Arbeitsqualität.*

Knapp befriedigende Beurteilung des Arbeitserfolges

- *XYs Arbeitsqualität war gut, wobei er die vereinbarten Ziele erreichte.*
- *XY war ein zuverlässiger Mitarbeiter, der seine umfangreichen Arbeitsaufgaben folgerichtig, zügig und gut erledigte.*
- *XY fand und realisierte gute, kostengünstige Lösungen.*
- *XY arbeitete sorgfältig und genau.*
- *Die Arbeitsqualität von XY ist überdurchschnittlich.*

Besondere Arbeitserfolge

In diesem Abschnitt bestehen individuelle inhaltliche Gestaltungsmöglichkeiten. Schwerpunktthemen können in den Bereichen Vertrieb, Marketing und Außendienstaktivitäten liegen, aber auch in der Reorganisation, der Projektarbeit sowie bei Verbesserungsvorschlägen. Weitere besondere Arbeitserfolge sind z. B. aus der Erweiterung von Kompetenzen bzw. der Beförderung abzuleiten.

- *XY erreichte trotz schwieriger Wirtschaftslage eine sehr hohe Umsatz- und Gewinnsteigerung. Damit gehörte er zu unseren besten Verkäufern.*
- *XY erledigte vertrauliche geschäftliche Sonderaufgaben selbstständig und zügig stets zu unserer vollsten Zufriedenheit.*
- *Hervorzuheben sind XYs schnelle Auffassungsgabe, die sehr selbstständige Arbeitsweise sowie ein überdurchschnittlicher Arbeitseinsatz, mit dem es XY gelang, schwierige Projektierungsaufgaben stets fristgerecht und erfolgreich zu beenden.*

Fachwissen / Weiterbildungsmotivation

Sehr gute Beurteilung von Fachwissen/ Weiterbildungsmotivation

- *XY verfügt über eine sehr breite und beachtliche Berufserfahrung und beherrscht seinen Arbeitsbereich stets umfassend, souverän und vollkommen.*
- *XY ist sehr lernmotiviert und hat sich in eigener Initiative neben seinem Beruf mit hohem zeitlichen Engagement und sehr gutem Ergebnis bei . . . weitergebildet.*
- *XY besitzt ein umfassendes, detailliertes und aktuelles Fachwissen im Bereich . . . und wendete die vorhandenen Methoden/Instrumente und Techniken jederzeit sehr wirksam in seiner Berufspraxis an.*

PRAXISBEISPIEL

Hier sind Experten gefragt – die Geheimsprache des Arbeitszeugnisses

Als ich mein Arbeitszeugnis in den Händen hielt, überkam mich ein gutes Gefühl. Mein Vorgesetzter hatte wirklich Wort gehalten und mir ein tolles Abschlusszeugnis geschrieben.

Den neuen Job hatte ich bereits in der Tasche, legte das Zeugnis nur kurz vor und bekam es gleich wieder zurück. Erst drei Jahre später, als ich mich initiativ auf eine sehr interessante Stelle bewarb und auch eingeladen wurde, musste ich mich mit der Frage auseinandersetzen, was denn beim vorletzten Arbeitgeber schiefgelaufen sei. Ich war sehr erstaunt zu hören, dass man das meinem Arbeitszeugnis entnommen hatte. Da ich den Job nicht bekam und mir dieser Hinweis nicht aus dem Kopf ging, kontaktierte ich im Internet einen angeblichen Experten, der mich – ich muss es zugeben – mit einem besonderen Sparangebot lockte. Aber auch dieser Fachmann stellte nur fest: Etwas stimmt nicht. Na ja, für ganz kleines Geld darf man auch nicht zu viel erwarten. Ich ging letztlich zu einem Profi (den ich auch durchs Internet fand), der mir nicht nur erklärte, was an meinem Zeugnis den schlechten Eindruck vermittelt, sondern mir auch gleich die besseren Formulierungen aufschrieb und mir empfahl, meinen ehemaligen Chef aufzusuchen und das Problem offen anzusprechen. Das tat ich und bekam ohne Zögern meine Änderungswünsche durch.

Noch gute Beurteilung von Fachwissen/Weiterbildungsmotivation

- *XY verfügt über eine breite Berufserfahrung und beherrscht seinen Arbeitsbereich umfassend und überdurchschnittlich.*
- *XY ist lernmotiviert und hat sich in eigener Initiative neben seinem Beruf mit hohem zeitlichen Engagement und gutem Ergebnis bei . . . weitergebildet.*
- *XY besitzt ein umfassendes, detailliertes und aktuelles Fachwissen im Bereich . . . und wendete die vorhandenen Methoden/Instrumente und Techniken jederzeit wirksam in seiner Berufspraxis an.*

Knapp befriedigende Beurteilung von Fachwissen/Weiterbildungsmotivation

- *XY beherrschte seinen Arbeitsbereich umfassend.*
- *XY war lernmotiviert und hat sich neben seinem Beruf bei . . . weitergebildet.*
- *XY besitzt Fachwissen im Bereich . . . und konnte die vorhandenen Methoden/Instrumente und Techniken wirksam in seiner Berufspraxis anwenden.*
- *XY ist mit der modernen . . . (z. B. Textverarbeitung) vertraut.*
- *XY beherrscht die verkäuferischen Argumentationstechniken voll zufriedenstellend.*
- *XY besitzt ein umfassendes, detailliertes und aktuelles Fachwissen im Bereich . . . und wendete die vorhandenen Methoden/Instrumente und Techniken wirksam in seiner Berufspraxis an.*

Zusammenfassende Beurteilung der Leistung (Zufriedenheitsaussage)

Sehr gute Gesamtbeurteilung der Leistungen

- *XY erfüllte seine Aufgaben stets zu unserer vollsten Zufriedenheit und war uns damit ein sehr wertvoller Mitarbeiter.*
- *XYs Leistungen waren stets/immer/jederzeit sehr gut.*
- *Wir waren stets mit XYs Leistungen in jeder Hinsicht außerordentlich/höchst/äußerst/ vorbehaltslos zufrieden. Er war ein sehr guter Mitarbeiter.*
- *Die ihm übertragenen Arbeiten erfüllte er stets zu unserer höchsten Zufriedenheit.*
- *XY hat als hoch qualifizierte Fachkraft im Bereich . . . stets zu unserer vollsten Zufriedenheit gearbeitet.*
- *Seine Leistungen haben uns jederzeit und in jeder Hinsicht voll befriedigt und unsere ganze Anerkennung gefunden.*

Noch gute Gesamtbeurteilung der Leistungen

- *XY erfüllte seine Aufgaben zu unserer vollen Zufriedenheit. Er war für uns ein wertvoller Mitarbeiter.*
- *XY arbeitete selbstständig, zuverlässig und stets zu unserer vollen Zufriedenheit.*
- *XY hat als hoch qualifizierte Fachkraft im Bereich . . . stets zu unserer vollen Zufriedenheit gearbeitet.*
- *XYs Leistungen haben stets unsere volle Anerkennung gefunden. Damit gehörte er zu unseren guten Mitarbeitern.*
- *XY hat als hoch qualifizierte Fachkraft im Bereich . . . stets zu unserer vollen Zufriedenheit gearbeitet.*
- *Seine Leistungen haben unsere volle Anerkennung gefunden. XY gehörte stets zu unseren guten . . .*

Knapp befriedigende Gesamtbeurteilung der Leistungen

- *XYs Leistungen waren gut.*
- *XYs Leistungen waren voll befriedigend.*
- *Wir waren mit XYs Leistungen jederzeit zufrieden.*
- *XY hat als qualifizierte Fachkraft im Bereich . . . zu unserer vollen Zufriedenheit gearbeitet.*

VERHALTENSBEURTEILUNG

Verhalten gegenüber Vorgesetzten, Kollegen und Dritten

Sehr gute Beurteilung des Verhaltens

- *XYs Verhalten gegenüber Vorgesetzten, Kollegen und Kunden (Klienten, Mandanten, Patienten etc.) war stets vorbildlich/einwandfrei. Er trug in starkem Maße zu einem harmonischen Betriebsklima bei.*
- *XYs Zusammenarbeit mit Vorgesetzten und Kollegen war stets sehr gut. Besonders hervorzuheben ist auch seine jederzeit sehr gute Zusammenarbeit mit unseren . . . , auf deren Anliegen er flexibel einging.*
- *XY war wegen seiner freundlichen und zuvorkommenden Art stets sehr geschätzt und beliebt bei seinen Vorgesetzten, Kollegen und . . . (z. B. Kunden).*
- *XY war wegen seiner stets verbindlichen, kooperativen und hilfsbereiten Art seinen Vorgesetzten eine äußerst wertvolle Unterstützung und bei den Kollegen immer/jederzeit sehr geschätzt. Auch sein Verhalten gegenüber . . . (z. B. Klienten) war vorbildlich. Im Umgang mit anspruchsvollen und schwierigen . . . bewies er jederzeit Gewandtheit und hervorragendes diplomatisches Geschick.*
- *XY ist ein verantwortungsbewusster und zuverlässiger Mitarbeiter, der zu seinen Vorgesetzten, Kollegen und . . . stets ein sehr gutes Verhältnis hatte.*

Noch gute Beurteilung des Verhaltens

- *XYs Verhalten gegenüber Vorgesetzten, Kollegen und . . . war einwandfrei/vorbildlich. Er trug wesentlich zu einem harmonischen Arbeitsklima bei.*
- *XYs Zusammenarbeit mit Vorgesetzten und Kollegen war stets gut. Besonders hervorzuheben ist auch seine jederzeit gute Zusammenarbeit mit unseren . . . , auf deren Anliegen er flexibel einging.*
- *XY wurde in seiner Arbeitsgruppe geschätzt, wobei sein Verhalten gegenüber Vorgesetzten, Kollegen und . . . vorbildlich war.*
- *Aufgrund seiner kooperativen Haltung war XY stets bei Vorgesetzten, Kollegen und . . . anerkannt und beliebt.*

LERNTEST

6. Lerntest: Was bedeutet das im Klartext?

»Herr Mühsam war ein durchaus fähiger Mitarbeiter, der seine Arbeitszeiten immer konsequent einhielt, seine Arbeitsleistung konstant erbrachte und seine Vorgesetzten zufriedenstellte. Kollegen gegenüber trat er freundlich auf und zeigte ein tadelloses Verhalten, das die Zusammenarbeit unterstützte. Mit dem heutigen Tag endet das Arbeitsverhältnis. Wir wünschen ihm alles Gute.«

a) Hier geht ein recht guter Mitarbeiter.
b) Hier geht ein eher mittelmäßiger Mitarbeiter.
c) Hier geht ein ziemlich schlechter Mitarbeiter.
d) Kann man so nicht beurteilen.

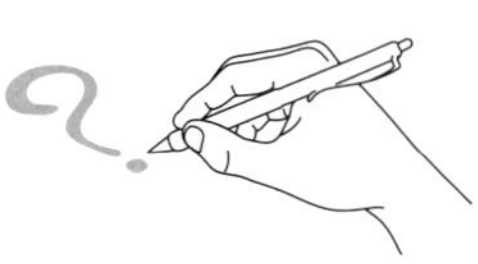

Die richtige Lösung finden Sie im nächsten Lerntest auf Seite 107
Lösung 5. Lerntest: b

Knapp befriedigende Beurteilung des Verhaltens (Durch eine Umstellung der Reihenfolge in den Personengruppen Vorgesetzte, Kollegen usw. wird Kritik am Verhalten zum Ausdruck gebracht, ebenso auch durch die sogenannte Negationstechnik, wie z. B. mit der Formulierung »kein Anlass zu Beanstandung/Klage/Tadel« etc.)

- *XYs Zusammenarbeit mit Vorgesetzten und Kollegen war gut. Hervorzuheben ist auch seine gute Zusammenarbeit mit unseren . . .*
- *XYs Verhalten gegenüber Kollegen, Vorgesetzten und . . . war gut/vorbildlich/einwandfrei.*
- *XYs Zusammenarbeit mit Kollegen und Vorgesetzten ist als gut/verbindlich/korrekt zu bezeichnen.*
- *XYs Führung war jederzeit tadellos/ohne Beanstandung.*
- *XY war ein angenehmer Mitarbeiter, der sich im Kollegenkreis und bei Vorgesetzten allgemeiner Beliebtheit erfreute.*

Weitere persönliche und soziale Verhaltensaspekte

Sehr gute Beurteilung des Verhaltens

- *XY fügte sich stets vorbildlich in die unterschiedlichen Arbeitsteams ein und ist mit Mitarbeitern aller Hierarchieebenen jederzeit sehr gut zurechtgekommen.*
- *Mit XYs exzellenten Umgangsformen waren wir stets außerordentlich zufrieden.*
- *Besonders hervorzuheben ist sein außerordentliches pädagogisches Geschick. Unsere Auszubildenden haben jederzeit sehr gerne von ihm gelernt.*

Noch gute Beurteilung des Verhaltens

- *XY fügte sich vorbildlich in die unterschiedlichen Arbeitsteams ein und ist mit Mitarbeitern aller Hierarchieebenen jederzeit gut zurechtgekommen.*
- *Mit XYs guten Umgangsformen waren wir stets voll zufrieden.*
- *XY bearbeitete alle Personalfragen absolut vertraulich und hielt sich jederzeit strikt an die Datenschutzbestimmungen.*

Knapp befriedigende Beurteilung des Verhaltens

- *XY fügte sich gut in die unterschiedlichen Arbeitsteams ein und ist mit Mitarbeitern aller Hierarchieebenen zurechtgekommen.*
- *Mit XYs Umgangsformen waren wir voll zufrieden.*

Weiter geht es mit dem Abschnitt Zeugnisabschluss (s. S. 115 ff.)

TEXTBAUSTEINE FÜR AUSSERTARIFLICHE UND LEITENDE ANGESTELLTE

EINLEITUNG

- *Herr/Frau (Vorname, Name), geboren am . . . in . . . , war vom . . . in unserer Abteilung (Bezeichnung) als . . . (Berufsbezeichnung) tätig.*
- *Herr/Frau (Vorname, Name), geboren am . . . , war in unserem Unternehmen als leitender Angestellter in der Position des . . . vom . . . bis zum . . . tätig.*
- *Herr/Frau (Vorname, Name), geboren am . . . in . . . , trat am . . . als . . . (Berufsbezeichnung) in unser Unternehmen ein.*
- *XY, geboren am . . . in . . . , war vom . . . bis zum . . . im Rahmen eines außertariflichen Angestelltenverhältnisses in unserem Unternehmen als . . . tätig. Am . . . wurde ihm Einzelprokura/Gesamtprokura (evtl. Handlungsvollmacht, Generalvertretung etc.) erteilt.*
- *XY, geboren am . . . , leitete vom . . . bis zum . . . als alleinvertretungsberechtigter Geschäftsführer unser Unternehmen.*
- *XY, geboren am . . . , wurde am . . . als . . . eingestellt.*
- *XY war vom . . . bis zum . . . bei uns im Rahmen eines befristeten Arbeitsverhältnisses als . . . beschäftigt.*

POSITIONS-, AUFGABEN- UND TÄTIGKEITSBESCHREIBUNG

- *XYs außertarifliches Aufgabengebiet umfasste die selbstständige Erledigung von . . .*
- *Hauptaufgaben in dieser mit großem Gestaltungsspielraum und Eigenverantwortung ausgestatteten Position waren: . . .*
- *Der Wirkungs- und Verantwortungsbereich von XY umfasste im Wesentlichen die selbstständige Erledigung folgender Schwerpunktaufgaben: . . .*
- *XY leitete die Stabsabteilung . . . Zu seinen Aufgaben gehörten insbesondere . . . Daneben ergaben sich folgende zusätzliche Schwerpunktaufgaben: . . .*
- *Schwerpunkte im Ziel- und Aufgabenspektrum von XY waren: . . . Aufgrund seiner besonderen Leistung wurde XY ab dem . . . als . . . mit der verantwortlichen Leitung unserer . . . -Abteilung betraut. Seine Aufgaben waren hier im Wesentlichen: . . .*
- *XY arbeitete in der Abteilung . . . vorwiegend in dem Bereich . . . Zu seinen Aufgaben gehörte . . .*
- *XY war in unserem Unternehmen im Bereich . . . mit unterschiedlichen Aufgaben betraut. Dazu zählten: . . . (Aufzählung nach Wichtigkeit).*
- *Nach erfolgreicher Einarbeitung übernahm XY das Verkaufsgebiet . . . zur umsatzverantwortlichen Bearbeitung. Sein Aufgabengebiet umfasste . . . Außerdem wirkte er bei den Projekten . . . mit.*

- *XY war zunächst in der Abteilung . . . als . . . tätig. Zu seinen Aufgaben gehörten . . . (Aufzählung). Ab dem . . . wurde XY aufgrund seiner guten Leistungen und einer erfolgreichen internen Bewerbung in der Abteilung . . . als . . . eingesetzt. Dort war XY in der Tarifgruppe . . . mit der selbstständigen Bearbeitung folgender Aufgaben betraut: . . . (Aufzählung).*
- *XY war im Bereich . . . für . . . tätig. Er besaß Handlungsvollmacht nach § 54 HGB. Seine Aufgabenschwerpunkte lagen in der selbstständigen Bearbeitung von . . . (Aufzählung).*

LEISTUNGSBEURTEILUNG

Arbeitsbereitschaft

Sehr gute Beurteilung der Arbeitsbereitschaft

- *Wir schätzen XY als eine dynamische Fach- und Führungspersönlichkeit, die ihren Aufgabenbereich stets mit großem Engagement zielorientiert und ergebnisgerecht geleitet und durch vielfältige Initiativen weiterentwickelt hat.*
- *Stets zeigte XY eine herausragende Einsatzbereitschaft, wobei sein Enthusiasmus und seine optimistische Haltung auch in schwierigen Arbeitssituationen sehr motivierend auf Kollegen und Mitarbeiter wirkten.*
- *XY genießt unser Vertrauen aufgrund seines hohen (z. B. einfügen: juristischen) Könnens und seines ausgeprägten beruflichen Engagements.*
- *XY identifiziert sich sehr stark/absolut mit seinen Arbeitsaufgaben und den Unternehmenszielen.*
- *XYs Arbeitsstil ist durch ausgeprägte Eigeninitiative gekennzeichnet, und er war stets bereit und fähig, neue Vorhaben durch konstruktive Vorschläge entscheidend zu unterstützen und dadurch wesentlich voranzubringen.*

Noch gute Beurteilung der Arbeitsbereitschaft

- *XY ist eine dynamische Fach- und Führungspersönlichkeit, die ihren Aufgabenbereich stets mit großem Engagement zielorientiert geleitet und durch viele Initiativen weiterentwickelt hat.*
- *Stets zeigte XY eine gute Einsatzbereitschaft, wobei seine optimistische Haltung auch in schwierigen Arbeitssituationen sehr motivierend wirkte.*
- *XY führte alle Aufgaben sehr umsichtig aus, auf der Grundlage einer breiten Wissensbasis und stark motiviert.*
- *XYs Leistungen und seine Erfolge basieren auf seinem hohen persönlichen Engagement.*
- *Einsatzbereitschaft und Erfolg kennzeichnen seine engagierte Arbeitshaltung.*

Knapp befriedigende Beurteilung der Arbeitsbereitschaft

- *XY leitete seinen Aufgabenbereich mit Engagement.*
- *XY zeigte eine gute Arbeitsbereitschaft.*
- *XY erarbeitete die Problemlösungen seines Aufgabengebietes zielstrebig.*
- *XY bewältigte seine Aufgaben engagiert und motiviert.*

PRAXISBEISPIEL

Man sieht sich immer zweimal im Leben – mit Ungerechtigkeit umgehen

Seit einigen Jahren bin ich Oberschwester. Ich liebe meinen Beruf, auch wenn ich eigentlich mal Medizin studieren wollte, aber der strenge NC hatte das verhindert. Mein Abschlusszeugnis hätte besser sein müssen, und viele lange Wartesemester waren bei uns finanziell einfach nicht drin. Für mein Abitur hatte ich insgesamt hart gearbeitet und war sehr stolz darauf, auch einen Einser vorweisen zu können. Zwar ist eine Eins im Fach Kunst sicherlich nicht vergleichbar mit einer Eins in Physik oder Englisch, trotzdem hätte sie mich gefreut. Doch dazu kam es erst gar nicht. Das letzte Bild, eine Porträtzeichnung des Kunstlehrers, hatte ihm wohl nicht ganz so geschmeichelt. Diese sehr subjektive Beurteilung zog eine ungerechte Note nach sich. Ich war echt erschüttert, wahnsinnig enttäuscht, todunglücklich und habe dieses furchtbare Gefühl der Abhängigkeit und des Ausgeliefertseins nie vergessen.

All das ging mir sekundenschnell durch den Kopf, als ich den Neuzugang auf unserer Station aufsuchte, nochmals den Namen checkte und zweifelsfrei meinen Kunstlehrer vor mir liegen sah. Herzinfarkt. Ob er mich erkennen würde? Wie lange war das her? Gute 25 Jahre, vielleicht sogar etwas mehr. Mein Nachname würde mich mit Sicherheit nicht verraten, schließlich hatte ich geheiratet. Ich war innerlich total aufgewühlt, ließ mir aber nichts anmerken …

Arbeitsbefähigung

Sehr gute Beurteilung der Arbeitsbefähigung

- *Die Fach- und Leistungskompetenz von XY war stets und in jeder Hinsicht sehr gut.*
- *XY agierte in neuen geschäftlichen Arbeits- und Belastungssituationen stets sicher, flexibel und sehr gut.*
- *XY bewies ein sehr gutes analytisch-konzeptionelles und zugleich pragmatisches Denk- und Urteilsvermögen.*
- *Die Anforderungen dieser vielseitigen und schwierigen Arbeitsaufgaben erfüllte XY in idealer Weise und war dadurch ein in jeder Hinsicht äußerst fähiger Mitarbeiter.*
- *XY erfüllte die Anforderungen dieses verantwortungsvollen Arbeitsplatzes stets in hervorragender Weise.*
- *XY ist ein besonders fähiger . . . (Berufsbezeichnung) mit exzellentem Fachwissen.*
- *Bereits nach kurzer Zeit arbeitete sich XY dank seiner ausgezeichneten Ausbildung erfolgreich in die schwierigen Aufgaben seines Arbeitsplatzes ein.*

Noch gute Beurteilung der Arbeitsbefähigung

- *Die Fach- und Leistungskompetenz von XY war stets und in jeder Hinsicht gut.*
- *XY agierte in neuen geschäftlichen Arbeits- und Belastungssituationen sicher, flexibel und gut.*
- *XY bewies ein gutes analytisch-konzeptionelles und zugleich pragmatisches Denk- und Urteilsvermögen.*
- *XY zeigte sich den Anforderungen und Belastungen seines Arbeitsbereiches stets gut gewachsen.*

- *XY besitzt eine große Berufs- und Leitungserfahrung.*
- *Aufgrund seiner fundierten Fachkenntnisse und seines Arbeitseinsatzes war XY in der Lage, unserem Unternehmen wiederholt wichtige Impulse zu geben, die zu verbesserten Arbeitsabläufen führten.*

Knapp befriedigende Beurteilung der Arbeitsbefähigung

- *Die Fach- und Leistungskompetenz von XY war gut.*
- *XY passte sich neuen geschäftlichen Situationen erfolgreich an.*
- *XY zeigte sich den Anforderungen und Belastungen seiner Position gut gewachsen.*
- *XY hat immer wieder an verschiedenen internen und externen Fachveranstaltungen zum Themenbereich . . . teilgenommen.*

Arbeitsweise

Sehr gute Beurteilung der Arbeitsweise

- *XY bearbeitete und löste alle Problemstellungen seines Aufgabengebietes stets sehr selbstständig, systematisch und sorgfältig.*
- *XY arbeitet selbstständig, zielstrebig und umsichtig und erzielt dabei stets optimale Lösungen.*
- *XY ist ein äußerst engagierter, zuverlässiger und aktiver Mitarbeiter, der sich durch Kreativität und Durchsetzungsvermögen auszeichnet.*
- *XY hat stets unser absolutes Vertrauen genossen und daher Zugang zu allen geschäftspolitischen Daten unseres Unternehmens.*

Noch gute Beurteilung der Arbeitsweise

- *XY bearbeitete und löste alle Problemstellungen seines Aufgabengebietes sehr selbstständig, systematisch und sorgfältig.*
- *XY arbeitete sehr zielstrebig und umsichtig und erzielte dabei stets gute Ergebnisse.*
- *Aufgrund seiner persönlichen und fachlichen Kompetenz, insbesondere der Fähigkeiten auf dem Gebiet . . ., konnten wir XY ab . . . in einer Tätigkeit als . . . einsetzen.*

Knapp befriedigende Beurteilung der Arbeitsweise

- *XY bearbeitete und löste die Problemstellungen seines Aufgabengebietes selbstständig, systematisch und sorgfältig.*
- *XY arbeitete zielstrebig und umsichtig und erzielte dabei gute Lösungen.*
- *Wir kennen XY als einen gewissenhaften und selbstständig arbeitenden Mitarbeiter, der systematisch und mit Erfolg seine Arbeitsaufgaben ausführt.*

Arbeitserfolg

Sehr gute Beurteilung des Arbeitserfolges

- *XY arbeitete immer nach klarer, durchdachter, eigener Planung und erzielte stets optimale Arbeitserfolge.*
- *XYs Arbeitsergebnisse erfüllten stets höchste Ansprüche. Sein Erfolg bewies sein unternehmerisches Format.*
- *XY hat die mit seiner Position verbundenen Gestaltungsmöglichkeiten zu unserer absolut vollsten Zufriedenheit kreativ und verantwortungsbewusst genutzt. Immer wieder verstand er es, in seinem Arbeitsgebiet wichtige Impulse zu geben und neue Wege zu beschreiten. Auf diese Weise erzielte er erhebliche wirtschaftliche Erfolge für unser Unternehmen.*
- *Die Arbeit von XY war stets von ausgezeichneter Qualität.*
- *XY erzielte auch bei besonderen und zusätzlichen Arbeitsaufgaben stets sehr gute Ergebnisse.*
- *XY zeigte bei seinen Arbeitsaufgaben sehr hohen persönlichen Einsatz und hervorragende Leistungen, sowohl qualitativ als auch quantitativ.*

Noch gute Beurteilung des Arbeitserfolges

- *XY arbeitete nach klarer, durchdachter, eigener Planung und erzielte stets gute Arbeitserfolge.*
- *XYs Arbeitsergebnisse waren stets von hoher Qualität.*
- *XY hat neue Aufgaben und Probleme frühzeitig erkannt und zielstrebig in Angriff genommen. Dies geschah in Eigeninitiative und auf kooperative und effiziente Weise und führte stets zu guten Lösungen.*
- *Die Arbeit von XY erfüllte stets hohe Ansprüche.*
- *XY erzielte auch bei besonderen und zusätzlichen Arbeitsaufgaben stets gute Ergebnisse.*

LERNTEST

7. Lerntest: Was bedeutet das im Klartext?

Wir haben Herrn Husch als äußerst agilen Mitarbeiter kennengelernt, der seine Arbeitszeiten immer konsequent einhielt und stets bemüht war, seine Aufgaben gewissenhaft und zu unserer vollsten Zufriedenheit zu erfüllen. Über sein Verhalten gegenüber Vorgesetzten und Kollegen gab es nie Klagen. Durch seine Wesensart trug er immer zur friedlichen Zusammenarbeit unter allen Beteiligten bei.

a) Hier geht ein schlechter und schwieriger Mitarbeiter.
b) Hier geht ein eher unauffälliger Mitarbeiter.
c) Hier geht ein guter, aber schwieriger Mitarbeiter.
d) Kann man so nicht beurteilen.

Die richtige Lösung finden Sie im nächsten Lerntest auf Seite 113
Lösung 6. Lerntest: c

Knapp befriedigende Beurteilung des Arbeitserfolges

- *XY arbeitete nach eigener Planung und erzielte gute Arbeitserfolge.*
- *XYs Arbeitsergebnisse erfüllten hohe Ansprüche.*
- *XY hat neue Aufgaben und Probleme erkannt, in Angriff genommen und auf kooperative Weise gelöst.*
- *Die Arbeit von XY war von hoher Qualität.*
- *XY erzielte auch bei Sonderaufgaben gute Lösungen.*

Besondere Arbeitserfolge (nur bei sehr guter bzw. guter Beurteilung)

In diesem Abschnitt bestehen individuelle inhaltliche Gestaltungsmöglichkeiten. Schwerpunktthemen können in den Bereichen Vertrieb, Marketing und Außendienstaktivitäten liegen, aber auch in der Reorganisation der Projektarbeit sowie bei Verbesserungsvorschlägen. Weitere besondere Arbeitserfolge sind z. B. aus der Erweiterung der Kompetenzen bzw. der Beförderung abzuleiten.

- *XY erzielte durch eine kontinuierliche Optimierung der Arbeitsabläufe eine Kapazitätssteigerung von x %, ohne dass dafür zusätzliche Investitionen notwendig waren.*
- *Wir haben XY wegen seiner sehr guten Leistungen auf dem Gebiet . . . bereits nach kurzer Zeit in die Gruppe der außertariflichen Angestellten übernehmen können.*
- *Wir haben XY aufgrund seiner bisherigen Erfolge mit schwierigen Projekten betrauen können. Er erarbeitete innerhalb kürzester Zeit sehr gute Lösungsvorschläge, die sich dann in der Praxis auch hervorragend bewährten.*
- *XY erstellt des Öfteren schwierige Gutachten. Er hat in Fachkreisen einen Namen als anerkannter Experte.*
- *XY beschäftigte sich laufend mit dem Spezialgebiet X und veröffentlichte dazu diverse stark beachtete Aufsätze in internationalen Fachzeitschriften.*
- *XY hat sehr wesentlich zum internationalen Erfahrungsaustausch unserer Unternehmensgruppe beigetragen.*

Fachwissen / Weiterbildungsmotivation

Sehr gute Beurteilung von Fachwissen/Weiterbildungsmotivation

- *XY verfügt über eine sehr breite und beachtliche Berufs- und Leitungserfahrung. Die Unternehmensleitung konnte sich stets auf seine fundierten fachlichen Urteile und umsichtigen Empfehlungen verlassen.*
- *XY ist hoch weiterbildungsmotiviert und hat sich in eigener Initiative neben seinem starken beruflichen Engagement mit enormem Einsatz und sehr guten Ergebnissen in . . . weitergebildet.*
- *XY besitzt ein umfassendes, detailliertes und aktuelles Fachwissen im Bereich . . . und wendete die vorhandenen Methoden/Instrumente und Techniken jederzeit sehr wirksam in seiner Berufspraxis an.*

Noch gute Beurteilung von Fachwissen / Weiterbildungsmotivation

- *XY verfügt über eine große Berufs- und Leitungserfahrung. Die Unternehmensleitung konnte sich auf seine fundierten Urteile und umsichtigen Empfehlungen verlassen.*
- *XY ist sehr weiterbildungsmotiviert und hat sich in eigener Initiative neben seinem großen beruflichen Engagement mit enormem Einsatz und guten Ergebnissen in . . . weitergebildet.*
- *XY besitzt ein umfassendes, detailliertes und aktuelles Fachwissen im Bereich . . . und wendete die vorhandenen Methoden/Instrumente und Techniken jederzeit wirksam in seiner Berufspraxis an.*

PRAXISBEISPIEL

Ein Zeugnis macht noch keinen Menschen – Einstellung trotz schlechter Referenz

Vor etwa einem Jahr habe ich mich als Personalchef für einen Kandidaten entschieden, der ein miserables Arbeitszeugnis von seinem letzten Arbeitgeber bekommen hatte. Natürlich war ich zunächst verunsichert, habe aber dann den Bewerber gefragt, was denn vorgefallen sei. Der hat mir so offen und ehrlich erzählt, was war, dass ich diesen Mut zur Ehrlichkeit belohnen wollte. Also habe ich ihm trotz des schlechten Zeugnisses und auch gegen einige Bedenken die Chance gegeben. Heute sagt mir der Abteilungsleiter, dass genau dieser Mitarbeiter einer seiner besten sei.

Knapp befriedigende Beurteilung von Fachwissen / Weiterbildungsmotivation

- *XY verfügt über eine große Berufserfahrung. Die Unternehmensleitung hat seine Empfehlungen oft berücksichtigt.*
- *XY ist weiterbildungsmotiviert und hat sich in eigener Initiative neben seinem beruflichen Engagement mit guten Ergebnissen in . . . weitergebildet.*
- *XY beherrschte seinen Arbeitsbereich umfassend.*
- *XY ist auch weiterbildungsmotiviert und hat sich neben seinem Beruf weitergebildet.*
- *XY besitzt Fachwissen im Bereich . . . und kann die vorhandenen Methoden/Instrumente und Techniken wirksam in seiner Berufspraxis anwenden.*

Beurteilung von Führungsleistung und -erfolg

Vorab: Charakterisierung der Führungsaufgaben und Umstände

- *Das von XY geleitete Team umfasste . . . (Anzahl) Spezialisten aus den Bereichen . . .*
- *XY verfügt über eine langjährige Führungserfahrung mit . . .*
- *XY führte in seinem Bereich . . . (Anzahl) Mitarbeiter.*
- *XY führte eine Anzahl von . . . Mitarbeitern, die im . . . sowie im . . . eingesetzt waren. Er sorgte neben Einstellung und effektiver Einarbeitung erfolgreich für deren ständige Aus- und Weiterbildung sowie Förderung.*

Sehr gute Beurteilung von Führungsleistung und -erfolg

- *XY motivierte die ihm unterstellten Mitarbeiter durch eine fach- und personenbezogene Führung stets zu sehr guten Leistungen.*
- *XY war als Vorgesetzter anerkannt und beliebt. Sein Verhalten gegenüber seinen Mitarbeitern war immer offen und kollegial, sodass es ihm stets gelang, seine Mitarbeiter auch in schwierigen Situationen zu sehr guten Arbeitsergebnissen zu motivieren.*
- *Die Führung von Mitarbeitern im Bereich . . . stellt hohe Anforderungen an den Vorgesetzten. XY hat alle Disziplinarfragen aufgrund seines Durchsetzungsvermögens stets sehr gut gelöst.*
- *Durch XYs verbindliche, aber bestimmte Art hatte er ein ausgezeichnetes Verhältnis zu seinen Mitarbeitern. Dies führte zu einem sehr produktiven Arbeits- und Betriebsklima.*
- *Obwohl XY direkt aus den Reihen seiner ehemaligen Kollegen heraus zu deren neuem Vorgesetzten befördert wurde, meisterte er diese schwierige Führungsaufgabe vorbildlich.*
- *Unter der Leitung von XY haben sich Leistung und Teamgeist in seinem Verantwortungsbereich innerhalb sehr kurzer Zeit äußerst positiv entwickelt.*

Noch gute Beurteilung von Führungsleistung und -erfolg

- *XY motivierte die ihm unterstellten Mitarbeiter durch eine fach- und personenbezogene Führung stets zu guten Leistungen.*
- *XY war sachlich überzeugend und ein verbindlicher Vorgesetzter. Dies machte sich stets in entsprechend guten Ergebnissen seiner Arbeitsgruppe bemerkbar.*
- *Die Führung von Mitarbeitern im Bereich . . . stellt hohe Anforderungen an den Vorgesetzten. XY hat alle Disziplinarfragen aufgrund seines Durchsetzungsvermögens stets gut gelöst.*
- *XY vermittelte seinen Mitarbeitern einen hohen Kenntnisstand und sorgte mit seinem verbindlichen Verhalten für ein gutes Betriebsklima und ausgezeichnete Mitarbeiterleistungen.*
- *Unter der Leitung von XY haben sich Leistung und Teamgeist in seinem Verantwortungsbereich innerhalb kurzer Zeit positiv entwickelt.*

Knapp befriedigende Beurteilung von Führungsleistung und -erfolg

- *XY motivierte die ihm unterstellten Mitarbeiter durch eine fach- und personenbezogene Führung zu guten Leistungen.*
- *XY überzeugte seine Mitarbeiter und koordinierte ihre Zusammenarbeit. Er gab die sachlich notwendigen Informationen stets weiter und förderte die Fortbildung seiner Mitarbeiter.*
- *Die Führung von Mitarbeitern im Bereich . . . stellt hohe Anforderungen an den Vorgesetzten. XY ist bei allen Disziplinarfragen aufgrund seines Durchsetzungsvermögens gut zurechtgekommen.*

- *Als Vorgesetzter zeichnet sich XY durch die notwendige Konsequenz, natürliche Autorität und die organisatorischen Fähigkeiten aus, Mitarbeiter anzuleiten und erfolgreich zu führen.*
- *XY führte seine Mitarbeiter zielbewusst und konsequent zu voll zufriedenstellenden Arbeitsergebnissen.* (Hier fehlt der Hinweis auf die Mitarbeiterzufriedenheit.)

Zusammenfassende Beurteilung der Leistung (Zufriedenheitsaussage)

Sehr gute Gesamtbeurteilung der Leistungen

- *XY hat die besonderen Aufgaben seiner Position stets zu unserer vollsten Zufriedenheit erledigt und unseren Anforderungen und Erwartungen in jeder Hinsicht und in allerbester Weise entsprochen.*
- *XY hat ein weit gespanntes Spektrum sehr verschiedenartiger Aufgaben wahrgenommen. Mit seinen sehr guten Leistungen und Erfolgen waren wir stets außerordentlich zufrieden.*
- *XY hat seine Position stets zu unserer vollsten Zufriedenheit ausgeübt.*
- *XY hat seine Aufgaben stets zu unserer vollsten Zufriedenheit erfüllt.*
- *Die Leistungen von XY verdienen in jeder Hinsicht unsere vollste Anerkennung.*
- *Wir waren mit den Leistungen von XY stets außerordentlich zufrieden.*

Noch gute Gesamtbeurteilung der Leistungen

- *XY hat die besonderen Aufgaben seiner Position stets zu unserer vollen Zufriedenheit erledigt und unseren Anforderungen und Erwartungen in jeder Hinsicht gut entsprochen.*
- *XY hat ein weit gespanntes Spektrum sehr verschiedenartiger Aufgaben wahrgenommen. Mit seinen guten Leistungen und Erfolgen waren wir stets voll zufrieden.*
- *XY hat seine Position stets zu unserer vollen Zufriedenheit ausgeübt.*
- *XY hat seine Aufgaben stets zu unserer vollen Zufriedenheit erfüllt.*
- *Die Leistungen von XY verdienen in jeder Hinsicht unsere ganze/volle Anerkennung.*
- *Wir waren mit den Leistungen von XY stets sehr zufrieden.*

Knapp befriedigende Gesamtbeurteilung der Leistungen

- *XY hat die Aufgaben seiner Position zu unserer vollen Zufriedenheit erledigt.*
- *XY hat ein weit gespanntes Spektrum sehr verschiedenartiger Aufgaben wahrgenommen. Mit seinen Leistungen waren wir voll zufrieden.*
- *XY hat seine Position zu unserer vollen Zufriedenheit ausgeübt.*
- *XY hat seine Aufgaben zu unserer vollen Zufriedenheit erfüllt.*
- *Die Leistungen von XY verdienen unsere ganze Anerkennung.*
- *Wir waren mit den Leistungen von XY sehr zufrieden.*

Verhalten gegenüber Vorgesetzten, Kollegen und Mitarbeitern

Sehr gute Beurteilung des Verhaltens

- *Wegen seiner aktiven und kooperativen Wesensart war XY stets beim Vorstand, den Kollegen und Mitarbeitern gleichermaßen sehr anerkannt und beliebt.*
- *XY überzeugte fachlich und persönlich. Dies wurde von seinen Vorgesetzten, Kollegen und Mitarbeitern sehr geschätzt.*
- *XYs Verhalten gegenüber der Unternehmensleitung, seine Integration im Kollegium und sein offener Zugang zu den Mitarbeitern waren stets vorbildlich.*
- *XYs Kooperation mit Vorgesetzten, Kollegen und Mitarbeitern war stets sehr gut.*
- *XYs Verhalten gegenüber Vorgesetzten, Kollegen und Mitarbeitern war stets einwandfrei.* (Für einen leitenden Angestellten eigentlich zu knapp formuliert.)

Noch gute Beurteilung des Verhaltens

- *Wegen seiner aktiven und kooperativen Wesensart war XY beim Vorstand, den Kollegen und den Mitarbeitern gleichermaßen sehr anerkannt und geschätzt.*
- *XY konnte fachlich und persönlich überzeugen und erwarb sich Anerkennung und Wertschätzung seiner Vorgesetzten, Kollegen und Mitarbeiter.*
- *XYs Verhalten gegenüber der Unternehmensleitung, seine Integration im Kollegium und sein offener Zugang zu den Mitarbeitern waren vorbildlich.*
- *XYs Kooperation mit Vorgesetzten, Kollegen und Mitarbeitern war stets gut.*
- *XYs Verhalten gegenüber Vorgesetzten, Kollegen und Mitarbeitern war einwandfrei.*

Knapp befriedigende Beurteilung des Verhaltens (Durch eine Umstellung der Reihenfolge in den Personengruppen Vorgesetzte, Kollegen und Mitarbeiter wird in dieser und den folgenden Beurteilungen Kritik zum Ausdruck gebracht, ebenso auch mithilfe der sogenannten Negationstechnik, wie z. B. in der Formulierung »kein Anlass zu Beanstandung/Klage/Tadel« etc.)

- *Wegen seiner aktiven und kooperativen Wesensart wurde XY von Mitarbeitern, Kollegen und Vorstandsmitgliedern gleichermaßen geschätzt und anerkannt.*
- *XY konnte fachlich und persönlich überzeugen und erwarb sich die Anerkennung seiner Vorgesetzten und Mitarbeiter.* (Kollegen werden nicht erwähnt!)
- *XYs Kooperation mit Vorgesetzten, Kollegen und Mitarbeitern war gut.*
- *XYs Verhalten gegenüber Kollegen, Mitarbeitern und Vorgesetzten war einwandfrei.*
- *Aufgrund seiner untadeligen Persönlichkeit und seiner unbestrittenen Kooperationsbereitschaft war XY allseits anerkannt und beliebt.*

Verhalten gegenüber Dritten

(Auf diese Beurteilungskategorie wird häufig verzichtet. Ihr Fehlen weist also nicht auf Mängel im Verhalten gegenüber Dritten hin.)

Sehr gute Beurteilung des Verhaltens

- *XYs Auftreten gegenüber unseren . . . (z. B. Geschäftspartnern) war stets vorbildlich.*
- *Die Zusammenarbeit mit unseren . . . (z. B. Kunden) war wegen seiner guten Kontaktfähigkeit immer äußerst positiv und erfolgreich.*
- *Auch von unseren . . . (z. B. Geschäftspartnern) wurde XY stets außerordentlich geschätzt.*
- *In unseren Kontakten zu . . . erwies sich XY stets als umsichtiger Gesprächs- und Verhandlungspartner.*

Noch gute Beurteilung des Verhaltens

- *XYs Auftreten gegenüber unseren . . . (z. B. Geschäftspartnern) war vorbildlich.*
- *Die Zusammenarbeit mit unseren . . . (z. B. Kunden) war wegen seiner guten Kontaktfähigkeit sehr positiv und erfolgreich.*
- *Auch von unseren . . . (z. B. Geschäftspartnern) wurde XY stets sehr geschätzt.*
- *In unseren Kontakten zu . . . erwies sich XY als umsichtiger Gesprächs- und Verhandlungspartner.*

Knapp befriedigende Beurteilung des Verhaltens

- *XYs Auftreten gegenüber unseren . . . (z. B. Geschäftspartnern) war gut.*
- *Die Zusammenarbeit mit unseren . . . (z. B. Kunden) war wegen seiner Kontaktfähigkeit positiv und erfolgreich.*
- *Auch von unseren . . . (z. B. Geschäftspartnern) wurde XY geschätzt.*

LERNTEST

8. Lerntest: Was bedeutet das im Klartext?

»Zu unserem Bedauern sehen wir uns aufgrund der wirtschaftlichen Lage gezwungen, die Abteilung zum Jahresende aufzugeben und können Herrn Guth leider auch keinen ihm angemessenen Arbeitsplatz anbieten. Diese Entscheidung zu treffen, fällt uns nicht leicht. An dieser Stelle ist es uns jedoch ein besonderes Bedürfnis, Herrn Guth für die jahrelange Mitarbeit zu danken. Für seine berufliche und private Zukunft wünschen wir ihm alles Gute und viel Glück für seine weitere berufliche Entwicklung.«

a) Arbeitgeber ist froh, den Mitarbeiter loszuwerden.
b) Hier geht ein eher unauffälliger Mitarbeiter.
c) Eher echtes Bedauern, weil doch guter Mitarbeiter.
d) Kann man so nicht beurteilen.

Die richtige Lösung finden Sie im nächsten Lerntest auf Seite 117
Lösung 7. Lerntest: a

Weitere persönliche und soziale Verhaltensaspekte

(Auf diese Kategorie wird häufig in Zeugnissen verzichtet. Aus ihrem Fehlen ist keine Kritik am Verhalten abzuleiten.)

Sehr gute Beurteilung des Verhaltens

- *Besonders hervorzuheben sind XYs absolute Integrität und seine hoch ausgeprägte Überzeugungs- und Durchsetzungsfähigkeit.*
- *Aufgrund seiner Persönlichkeit genoss XY in jeder Hinsicht voll und ganz unser Vertrauen.*
- *XY besitzt großes persönliches Geschick.*
- *Besonders hervorzuheben ist bei XY seine Fähigkeit, bei diffizilen Entscheidungen den Konsens zu suchen und zu finden.*

Noch gute Beurteilung des Verhaltens

- *Hervorzuheben sind XYs Integrität und seine ausgeprägte Überzeugungs- und Durchsetzungsfähigkeit.*
- *Wir schätzten an XY, dass für ihn die Interessen des Unternehmens höchste Priorität hatten.*
- *XY besitzt persönliches Geschick.*

Knapp befriedigende Beurteilung des Verhaltens

- *Erwähnenswert sind XYs Überzeugungs- und Durchsetzungsfähigkeit.*
- *Die Interessen des Unternehmens hatten bei XY hohe Priorität.*
- *Als . . . bewies XY Geschick im Umgang mit Mitarbeitern aus verschiedenen Arbeitsbereichen.*

TEXTBAUSTEINE FÜR DEN ZEUGNISABSCHLUSS

Der nun folgende letzte Abschnitt des Arbeitszeugnisses ist für die drei Gruppen gewerbliche Arbeitnehmer, Angestellte und leitende bzw. außertarifliche Angestellte gleich. Der Abschluss des Zeugnisses umfasst die Formulierungen der Kündigung, Bedauerns-Dankes-Formeln und Zukunftswünsche.

FORMULIERUNG DER KÜNDIGUNG

Kündigung durch den Arbeitnehmer (mit Begründung)

- *XY verlässt unser Unternehmen am heutigen Tag, um sich beruflich zu verändern.*
- *XY verlässt uns auf eigenen Wunsch, um sich neuen beruflichen Aufgaben zu stellen.*
- *XY scheidet auf eigenen Wunsch aus, um sich beruflich zu verbessern.*
- *XY verlässt uns, um in einem anderen Unternehmen eine weiterführende Aufgabe zu übernehmen.*
- *XY verlässt uns auf eigenen Wunsch, um . . . Er hatte das Arbeitsverhältnis fristgemäß zum . . . gekündigt. Aufgrund der Tatsache, dass sein neuer Arbeitgeber ihn bat, möglichst frühzeitig in das neue Unternehmen zu wechseln, waren wir trotz gewisser Überbrückungsschwierigkeiten für uns aufgrund des sehr guten wechselseitigen Verhältnisses und in bester Absicht für XY mit einem vorzeitigen Wechsel einverstanden.*
- *Zum . . . hat XY das mit uns bestehende Arbeitsverhältnis fristgemäß gekündigt, um . . . (z. B. ein Studium aufzunehmen, sich selbstständig zu machen/einen durch Berufswechsel des Ehepartners bedingten Ortswechsel mitzuvollziehen etc.).*
- *XY hat das Beschäftigungsverhältnis fristgemäß auf eigenen Wunsch gelöst, um sich nach Ablauf des Erziehungsurlaubes ganz der Familie zu widmen.*
- *XY verlässt uns auf eigenen Wunsch, um . . . (z. B. sich finanziell zu verbessern/beruflich weiterzukommen/neue Aufstiegschancen wahrzunehmen, die wir ihm nicht bieten konnten).* (Eher negativ wirkende Formulierung.)

Kündigung durch den Arbeitnehmer (ohne Begründung)

- *XY scheidet auf eigenen Wunsch aus unserem Unternehmen aus.*
- *Auf eigenen Wunsch beendete XY zum . . . seine Tätigkeit bei uns.*
- *XY trennt sich zum . . . von unserer Firma aus eigenem Entschluss.* (Die Formulierungen »trennt sich« und »Entschluss« können eine vom Arbeitgeber geforderte bzw. erbetene Eigenkündigung andeuten.)
- *XY verlässt unsere Firma zum . . . (auf wessen/eigenen Wunsch??)*

Kündigung durch den Arbeitnehmer bei Nichteinhaltung der Kündigungsfrist

- *XY beendete auf eigenen Wunsch das Arbeitsverhältnis zum . . . (sogenanntes »krummes« Datum, s. S. 23, 27).*
- *Um in einem anderen Unternehmen seinen Berufsweg fortzusetzen, verließ uns XY vorzeitig am . . . (»krummes« Datum).*
- *XY schied zum . . . (»krummes« Datum) auf eigenen Wunsch aus unserem Unternehmen aus, um sich umgehend einer neuen Arbeitsaufgabe stellen zu können.*

Beendigung des Arbeitsverhältnisses durch Aufhebungsvertrag oder Vergleich

- *Am . . . endet das Arbeitsverhältnis im gegenseitigen Einvernehmen.*
- *Das Arbeitsverhältnis endet mit Datum vom . . . in beiderseitigem bestem Einvernehmen.*
- *Auf Wunsch von Herrn X endet das Arbeitsverhältnis in beiderseitigem gutem Einvernehmen am . . .*
- *Das Ausscheiden von XY erfolgte in beiderseitigem gutem Einvernehmen am . . .*
- *Das Arbeitsverhältnis endet zum . . . durch einvernehmliche Trennung.*
(Deutet Probleme an: Trennung = Initiative des Arbeitgebers.)

Betriebsbedingte Kündigung durch den Arbeitgeber

- *Zu unserem Bedauern musste das Arbeitsverhältnis mit Herrn X fristgemäß und betriebsbedingt gekündigt werden.*
- *Das Ausscheiden von XY erfolgte betriebsbedingt unter Einhaltung sozialer Auswahlkriterien.*
- *Nach erfolgter Umstrukturierung unseres . . . -Bereiches konnten wir XY keinen neuen Arbeitsplatz in unserem Unternehmen anbieten und mussten daher leider das Arbeitsverhältnis betriebsbedingt beenden.*

Andere Formen der Kündigung durch den Arbeitgeber

- *Das Arbeitsverhältnis endete zum . . .*
- *Die Auflösung des Arbeitsverhältnisses erfolgte zum . . .*
- *Das Arbeitsverhältnis endet mit Ablauf des Monats . . . innerhalb der Probezeit. Wir bedauern, dass es nicht zu einer Festanstellung gekommen ist.*

Fristlose Kündigung durch den Arbeitgeber

- *Vorzeitig/ungeplant/unwiderruflich/kurzfristig mussten wir uns am . . . von XY trennen.*
- *Das Arbeitsverhältnis endet aus besonderen Gründen.*

- *Bedauerlicherweise sahen wir uns gezwungen, zum . . . (»krummes« Datum) das Arbeitsverhältnis zu beenden.*
- *Das Arbeitsverhältnis endet durch Vertragsablauf (Befristung).*
- *Mit Ablauf der vereinbarten Zeit beenden wir das befristete Arbeitsverhältnis mit XY.*
- *Zu unserem großen Bedauern können wir XY zz. keine Dauerbeschäftigung bieten, sodass das Arbeitsverhältnis mit Ablauf der vereinbarten Zeitspanne zum . . . endet.*

BEDAUERNS-DANKES-FORMEL (IM ENDZEUGNIS)

Sehr gute Bedauerns-Dankes-Formel

- *Wir bedauern, in Herrn XY eine ausgezeichnete Fach-/Führungskraft zu verlieren, und danken ihm für die stets vorbildliche Leistung/Leitung im Bereich . . .*
- *Wir danken für die stets sehr gute Zusammenarbeit und bedauern sehr, XY zu verlieren. Für seine Entscheidung, unser Unternehmen zu verlassen, haben wir aber Verständnis.*
- *Mit Bedauern über sein Ausscheiden danken wir XY für seine stets sehr guten Leistungen.*
- *Für die langjährige ergebnisreiche und wertvolle Zusammenarbeit sind wir XY zu Dank verpflichtet. Wir bedauern es außerordentlich, diesen ausgezeichneten Mitarbeiter zu verlieren.*
- *Wir danken XY für die stets hervorragende Zusammenarbeit. Wir verlieren mit ihm einen erfahrenen Spezialisten, verstehen aber, dass er im Rahmen seiner beruflichen Entwicklung die ihm gebotene Chance wahrnehmen möchte.*

Noch gute Bedauerns-Dankes-Formel

- *Wir bedauern, in Herrn XY eine gute Fach-/Führungskraft zu verlieren, und danken ihm für die stets gute Leistung/Leitung im Bereich . . .*
- *Wir danken für die stets gute Zusammenarbeit und bedauern sehr, XY zu verlieren. Für seine Entscheidung, unser Unternehmen zu verlassen, haben wir aber Verständnis.*

LERNTEST

9. Lerntest: Was bedeutet das im Klartext?

»Das Arbeitsverhältnis mit Herrn Stöhn endet betriebsbedingt und fristgemäß mit dem heutigen Tage infolge der aktuellen Konjunkturabschwächung. Wir bedauern diese Entwicklung und bedanken uns für die langjährige Zusammenarbeit. Für seinen weiteren beruflichen und privaten Lebensweg wünschen wir Herrn Stöhn alles Gute und viel Erfolg.«

a) Arbeitgeber ist froh, den Mitarbeiter loszuwerden.
b) Hier geht ein eher unauffälliger Mitarbeiter.
c) Eher echtes Bedauern, weil doch guter Mitarbeiter.
d) Kann man so nicht beurteilen.

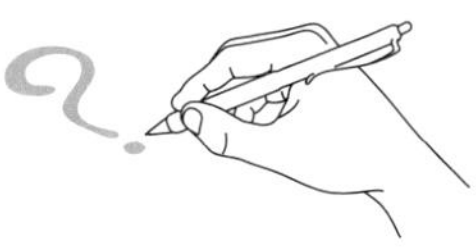

Die richtige Lösung finden Sie auf Seite 118.
Lösung 8. Lerntest: a

Testen Sie Ihr Wissen! Auf der CD-ROM finden Sie weitere Testaufgaben.

- *Mit Bedauern über sein Ausscheiden danken wir XY für seine stets guten Leistungen.*
- *Für die langjährige, erfolgreiche Zusammenarbeit sind wir XY zu Dank verpflichtet. Wir bedauern es außerordentlich, diesen guten Mitarbeiter zu verlieren.*
- *Wir wissen um die besonderen Verdienste, die sich XY im Bereich . . . für unser Unternehmen erworben hat. In dankbarer Anerkennung seiner Leistungen bedauern wir seine Entscheidung, unser Haus zu verlassen.*

Knapp befriedigende Bedauerns-Dankes-Formel

- *Wir bedauern, in Herrn XY eine gute Fach-/Führungskraft zu verlieren, und danken ihm für die gute Leistung/Leitung im Bereich . . .*
- *Wir danken für die gute Zusammenarbeit und bedauern, XY zu verlieren. Für seine Entscheidung, unser Unternehmen zu verlassen, haben wir aber Verständnis.*
- *Mit Bedauern über sein Ausscheiden danken wir XY für seine guten Leistungen.*
- *Für die langjährige Zusammenarbeit sind wir XY dankbar. Wir bedauern, diesen Mitarbeiter zu verlieren.*

ZUKUNFTSWÜNSCHE

(Fehlende Zukunftswünsche können auf erhebliche Differenzen hinweisen.)

Sehr gute Zukunftswünsche

- *Wir wünschen XY auf seinem zukünftigen/weiteren Berufs- und Lebensweg alles Gute und weiterhin viel Erfolg.*
- *Wir wünschen diesem vorbildlichen Mitarbeiter beruflich und persönlich alles Gute und weiterhin viel Erfolg.*
- *Für seinen weiteren beruflichen Werdegang wünschen wir XY alles Gute, viel Glück und Erfolg.*

Noch gute Zukunftswünsche

- *Wir wünschen XY auf seinem weiteren Berufs- und Lebensweg alles Gute.*
- *Wir wünschen diesem vorbildlichen Mitarbeiter beruflich und persönlich alles Gute.*

Knapp befriedigende Zukunftswünsche

- *Wir wünschen XY für seine weitere Arbeit/weitere Tätigkeit alles Gute.*

Lösung 9. Lerntest: d

TEXTBAUSTEINE FÜR DAS ZWISCHENZEUGNIS

Das Zwischenzeugnis steht in der Zeitform Präsens (Gegenwart). Inhaltlich gestaltet es sich in den ersten vier Abschnitten (Einleitung, Aufgaben, Leistungs- und Verhaltensbeurteilung) genauso wie das qualifizierte Abschlusszeugnis, im letzten Zeugnisabschnitt sind die folgenden Aspekte zu berücksichtigen:

- Begründung für das Zwischenzeugnis
- Dankes-Formel im Zwischenzeugnis
- Zukunftswünsche

BEGRÜNDUNGEN FÜR EIN ZWISCHENZEUGNIS

Feststehendes Arbeitsvertragsende

- *Da XY das Arbeitsverhältnis zum . . . auf eigenen Wunsch beenden wird, erbat er dieses vorläufige Zeugnis.*
- *XY erhält dieses vorläufige Zeugnis, weil das Arbeitsverhältnis am . . . im besten Einvernehmen beendet wird.*
- *Wunschgemäß stellen wir XY dieses vorläufige Zeugnis aus, da das befristete Arbeitsverhältnis mit Datum vom . . . enden wird.*

Mögliches Arbeitsvertragsende

- *Da in unserem Unternehmen seit längerer Zeit Kurzarbeit geleistet wird, erbat XY dieses Zwischenzeugnis. Das Arbeitsverhältnis ist ungekündigt.*
- *Anlässlich der Eröffnung des Vergleichsverfahrens/Konkursverfahrens erhält XY dieses Zwischenzeugnis. Das Arbeitsverhältnis ist ungekündigt.*

Versetzung oder Veränderung im Arbeitsverhältnis

- *Wunschgemäß stellen wir XY dieses Zwischenzeugnis anlässlich der Beendigung seiner . . . -Ausbildung aus. Das Arbeitsverhältnis ist ungekündigt.*
- *Zum . . . übernimmt XY aufgrund seiner erfolgreichen internen Stellenbewerbung die Arbeitsaufgabe . . . Dieses Zeugnis wird ihm anlässlich der Beendigung seiner bisherigen Tätigkeit ausgestellt.*

Vorgesetztenwechsel

- *Wunschgemäß erhält XY dieses Zwischenzeugnis, da sein langjähriger Vorgesetzter aus unserem Unternehmen ausscheidet.*
- *Aufgrund des Vorgesetztenwechsels wird XY dieses Zwischenzeugnis ausgestellt.*

Unterbrechung des Arbeitsverhältnisses

- *Anlässlich des Beginns des Erziehungsurlaubes stellen wir XY dieses Zwischenzeugnis aus.*
- *XY erbat dieses Zwischenzeugnis aufgrund seiner Einberufung zum Wehrdienst.*

Eigentümerwechsel / Rechtsformänderung

- *XY erhält dieses Zeugnis anlässlich eines grundlegenden Gesellschafterwechsels / anlässlich einer Änderung unserer Rechtsform von . . . in . . .*

Sonstige Gründe

- *XY bat uns um dieses Zwischenzeugnis zur Vorlage bei . . .*
- *Dieses Zwischenzeugnis wurde auf Wunsch von XY erstellt. Das Beschäftigungsverhältnis ist ungekündigt.*
- *Aufgrund der Freistellung für die Betriebsratsarbeit erhält XY dieses Zwischenzeugnis.*

DANKES-FORMEL IM ZWISCHENZEUGNIS

Sehr gute Formel

- *Wir danken XY für seine stets sehr guten Leistungen und hoffen auch weiterhin auf eine gute Zusammenarbeit.*

Noch gute Formel

- *Wir danken XY für seine stets guten Leistungen und hoffen auch weiterhin auf eine gute Zusammenarbeit.*

Knapp befriedigende Formel

- *Wir danken XY für seine gute Leistung.*

ZUKUNFTSWÜNSCHE

(Zukunftswünsche werden im Zwischenzeugnis seltener zum Ausdruck gebracht, z.T. sind sie bereits in der Dankes-Formel enthalten. Ein Fehlen lässt nicht unbedingt negative Rückschlüsse zu. In einem guten Zwischenzeugnis sollten sie jedoch Eingang finden.)

- *Wir wünschen uns auch für die Zukunft eine ebenso gute/erfolgreiche gemeinsame Arbeit.*
- *Wir freuen uns auf eine weiterhin gute/erfolgreiche Zusammenarbeit mit XY.*
- *In der Hoffnung auf weiterhin gute Zusammenarbeit wünschen wir XY in unserem Unternehmen/in seinem beruflichen Werdegang alles Gute/viel Erfolg.*

Was Sie noch wissen sollten

Das Autorenteam Hesse/Schrader ist seit über 25 Jahren auf dem Sektor der Bewerbungsratgeber sowie zu weiteren Themen aus der Arbeitswelt publizistisch tätig und hat im Laufe dieser Zeit mehr als 120 Bücher veröffentlicht. Viele davon liegen auch als Taschenbuchausgabe vor. Am Anfang stand die erstmalige Veröffentlichung aller gängigen sogenannten Intelligenztests und deren kritische Reflexion in dem Buch Testtraining für Ausbildungsplatzsucher (1985) – allein dies inzwischen mit einer Gesamtauflage von knapp einer Million Exemplaren. Ebenfalls Neuland zum Bereich »Überleben in der Arbeitswelt« erschloss ihr Buch Die Neurosen der Chefs – die seelischen Kosten der Karriere. Besonders interessant für die Bewerbung sind die Bücher in DIN-A4-Format, z. B. Die perfekte Bewerbungsmappe. Sie zeigen Musterbewerbungen im Originalformat.

Beide Autoren verfügen über eine langjährige Erfahrung als Seminarleiter bei Test- und Bewerbungstrainings. Ein besonderes Interesse gilt der gewerkschaftlichen Bildungsarbeit in Form von Anti-Mobbing- und Konfliktmanagement-Seminaren. 1992 gründeten sie in Berlin das Büro für Berufsstrategie, das ausschließlich Arbeitnehmer in allen erdenklichen beruflichen Fragen berät und unterstützt.

Mit den Hesse/Schrader Trainingsmappen zum Bewerbungserfolg

Jürgen Hesse / Hans Christian Schrader

Hesse/Schrader-Training Initiativbewerbung

Auffallen – Überzeugen – Gewinnen

128 Seiten / mit CD-ROM / broschiert

ISBN 978-3-8218-5716-9

Aktiv zum neuen Job mit einem einzigartigen Kompetenzprofil

Jürgen Hesse / Hans Christian Schrader

Hesse/Schrader-Training Schriftliche Bewerbung

Anschreiben – Lebenslauf – E-Mail- und Online-Bewerbung

128 Seiten / mit CD-ROM / broschiert

ISBN 978-3-8218-5718-3

Schritt für Schritt zur überzeugenden Bewerbung

Jürgen Hesse / Hans Christian Schrader

Hesse/Schrader-Training Vorstellungsgespräch

Vorbereitung – Fragen und Antworten – Körpersprache und Rhetorik

128 Seiten / mit CD-ROM / broschiert

ISBN 978-3-8218-5716-9

Das Vorstellungsgespräch kann man trainieren!